商談技術
入門

尾田寬仁

三恵社

はじめに

　第四次産業革命が進行する中で、「人の人たる所以」が、AI（人工知能）では問われている。営業は、人との関係で成り立っている。「週刊ダイヤモンド」2014年3月22日号に、営業職が学生に人気がないことが書かれていた。なぜだろうか。

　通算すると21年間、日用品メーカーや卸売業の営業を担当あるいは所管した。その経験と共に、営業に関する書籍や雑誌等を見直した。記事をスクラップにしたり、ノートに書き留めたりしていた。営業職で向き合った課題の一つが、客先との商談である。二つ目が、商品中心のマーケティングと営業を考えており、売上は商品力の関数であると考えていた。2015年1月に独立してみると、商品やサービス内容以上に、顧客作りの重要性に気づかされた。顧客作りは、営業独自の戦略課題である。

　営業を俯瞰してみると、各種の学問と幅広く関連している。「営業学」を新設して、実学の光を当ててみてはどうだろうか。商談は、お客との泥臭い人間関係で見られているが、商談を交渉事として、システム化して書いてみよう。商談を、営業における心理学やゲーム理論からアプローチしてみよう。こうした問題意識を基にして、商談を中心に『商談技術入門』を書くことにした。

　各章末に参考や引用した文献を掲載している。執筆各位に引用したことをお断りするとともに、お礼を申し上げる。

　読者各位が営業を実践され、営業に関して本や論文で理論化され、実学としての営業学を発展させることを願っている。

2018年10月7日

目次

第1章　営業とは何か・・・・・・・・・・・・・・・・007
　1．入社前の状況・・・・・・・・・・・・・・・・・008
　　1）新入社員リクルート活動と営業の関係・・・・008
　　2）素質があれば良いのか・・・・・・・・・・・009
　　3）エディー氏に学ぶ・・・・・・・・・・・・・011
　　4）教官が教えることはすべてか・・・・・・・・015
　　5）自らを振り返ってみる／ビッグファイブ理論・・018
　2．会社の中における営業の役割・・・・・・・・・・027
　　1）会社のバリューチェーンにおける営業の位置・・027
　　2）営業の役割は何か・・・・・・・・・・・・・028
　　3）営業の人材像・・・・・・・・・・・・・・・030
　　4）営業員とはどんな人・・・・・・・・・・・・033
　3．営業学を考える・・・・・・・・・・・・・・・・038
　　1）「営業学」の必要性・・・・・・・・・・・・・038
　　2）営業学の科目案・・・・・・・・・・・・・・041
　第1章参考文献・・・・・・・・・・・・・・・・・045
第2章　商談技術・・・・・・・・・・・・・・・・・・047
　1．商談とは何か・・・・・・・・・・・・・・・・・048
　2．何を売るか・・・・・・・・・・・・・・・・・・050
　　1）会社・・・・・・・・・・・・・・・・・・・050
　　2）自分自身・・・・・・・・・・・・・・・・・051
　　3）商品・・・・・・・・・・・・・・・・・・・053

3．商談技術の考え方／基本は企業理念にある・・・・・056
4．コミュニケーションの難しさ・・・・・・・・・057
5．プレゼンテーションをどのように行うか・・・・・061
　　1）プレゼンテーションの視点・・・・・・・・061
　　2）ＴＥＤトークで聞くプレゼンの極意・・・・065
　　3）プレゼンでストーリーを語る・・・・・・・071
6．商談のステップはこうありたい・・・・・・・・079
　　1）商談の目的と事前準備・・・・・・・・・・081
　　2）用件の切り出し・・・・・・・・・・・・・087
　　3）お客の反対に対して個別事情ヒアリング・・090
　　4）本論の展開・・・・・・・・・・・・・・・094
　　5）締結する・・・・・・・・・・・・・・・・098
7．お客の反論と応酬話法・質問法・・・・・・・・105
　　1）反対への基本的態度・・・・・・・・・・・105
　　2）知っておきたい応酬話法・・・・・・・・・111
　　3）質問の奥義・・・・・・・・・・・・・・・116
8．クレーム処理・・・・・・・・・・・・・・・・120
　　第2章参考文献・・・・・・・・・・・・・・・123

第3章　営業における心理学・・・・・・・・・・・125
1．心理学とは何か・・・・・・・・・・・・・・・126
　　1）心理学の系譜・・・・・・・・・・・・・・126
　　2）心理学の研究目的と手法・・・・・・・・・128
2．心理学の適用には注意がいる・・・・・・・・・129
　　1）心理学は諸刃の剣・・・・・・・・・・・・129
　　2）人の心理の付け込んだ危ない商法の事例・・130

3．ビジネスで使える心理法則・・・・・・・・・・132
　　　4．ビジネスへの応用・・・・・・・・・・・・・139
　　　　1）人の多様性を理解する・・・・・・・・・・139
　　　　2）人は見た目が9割か・・・・・・・・・・・143
　　　　3）訪問頻度は多い方が良い・・・・・・・・・146
　　　　4）商談の人間関係への応用・・・・・・・・・147
　　　　5）心を読んで人を動かす・・・・・・・・・・150
　　　　6）コミュニケーションは肩肘張らず裏表なく・・152
　　第3章参考文献・・・・・・・・・・・・・・・・158
第4章　ゲーム理論・・・・・・・・・・・・・・・・159
　　1．ゲーム理論とは何か・・・・・・・・・・・・160
　　2．ゲーム理論編・・・・・・・・・・・・・・・161
　　　1）戦略形ゲームの基本形・・・・・・・・・・161
　　　2）混合戦略・・・・・・・・・・・・・・・・169
　　　3）繰り返しゲーム・・・・・・・・・・・・・171
　　　4）戦略形ゲームに係る各ゲームのまとめ・・・・174
　　3．ゲーム理論の事例・・・・・・・・・・・・・175
　　　1）囚人のジレンマの事例・・・・・・・・・・175
　　　2）コミットメントの事例／最低価格保証・・・・178
　　　3）コーディネーションゲームの事例／働き方改革・179
　　4．競争戦略のジレンマ・・・・・・・・・・・・181
　　第4章参考文献・・・・・・・・・・・・・・・・185

第1章
営業とは何か

第1章　営業とは何か

1．入社前の状況

1）新入社員リクルート活動と営業の関係

　2014年1月、ダイヤモンド社が主催した学生向け「業界研究セミナー」の一コマである。出席者は、大学生400人である[1]。
　「営業をやりたいと思っている人は、どれくらいいますか」との主催者の質問に対して、手を挙げた学生は20人であった。残りの95%の出席者が、「営業は嫌だ」と回答している。
　学生に理由を聞くと、「営業＝ノルマがきつい」「つらく厳しそう」「人に頭を下げて、モノを買ってもらうのは卑屈な感じがする」「なんだか人をだます仕事のような気がする」等と、ネガティブな反応が多い。「営業」の仕事は、大学生には人気がない。
　ところが、会社に就職すると、営業は嫌だと手を挙げた学生の多くが、営業に配属される。一説によると、文系出身者の70%以上が、営業関連の仕事につくといわれている。
　それはなぜか。営業が、会社経営の最前線であり、営業している商品知識や会社の業務知識を身に着ける場とされているからである。商品知識を例にして言えば、物流を担当することからスタートして、営業に異動する業界もある。商品知識の習得を基本にしているからだ。また、営業にせよ物流にせよ、顧客に直接接する機会になる。
　学生にすると、どの仕事に就くかという就職意識よりも、どの会社に入社するかという就社意識が高いのだろう。専門職というよりは、ゼネラリスト志向である。あるいは、就職よりも就社を選ぶのは、「寄らば、大樹の陰」かもしれない。

学生には、専門職である営業とはどのような仕事を行うのか、明確に知らされていない、あるいは、分かっていないのではないかだろうか。営業に対する漠然とした不安なのかもしれない。大学の講座を見ても経営学部や商学部はあるが、どの学部にも営業の基になる「営業学」は存在しない[1b]。営業という職種について改めて考えてみることにした。

2）素質があれば良いのか

①大リーグの新人選手採用基準

　蔦川敬亮氏（2000年当時ツタガワ・アンド・アソシエーツ代表取締役）[2]が、大リーグの新人選手採用基準を、米国のあるスポーツ・ジャーナリストに聞いた。彼の答えは「基本は肩の強さと、足の速さである。技術的なことはプロに入ってからでも指導できるが、肩と足のどちらも、プロに入ってから教えることはできない」という。スカウト達は、事前に肩の強さと足の速さを注意深く探ろうとする。

　「肩の強さと足の速さが同程度の若者ばかりではどうするのか」との質問に「野球を本当に好きかどうかが、採用基準になる」という。そのことをどうやって見分けるのかと聞けば、「話せばわかるし、高校や大学での指導者から聞くこともできる」という。同じ素質の選手で、大リーグで成功できるかどうかは、野球への情熱にかかっているという。これも、入団してからでは教えられない。大リーグのスタープレーヤーになる選手の素質の話である。

②職業における採用基準

　この話を他の職業に当てはめると、どうなるであろうか。野球に限

第1章　営業とは何か

らず、どんな職業でも、入社してからでは教えられない要素があるのではないかと蔦川氏はいう。

　筆記試験と面接で採用し教育しても、もともと仕事に素質も情熱もない社員は変えられるだろうか。むしろ、素質と情熱に焦点を絞った採用をすべきではないか、という。

　例えば、デパートの販売員は営業職である。日本では、お客の問題を理解することで適切な対応するというよりは、適切な販売行動をとることで、販売成果に結びつけることを重視しているそうだ。

　プロの販売員は、お客の喜ぶ顔を見て、今日も幸せだと自分で喜べる資質を持った人である。この資質は入社してからでは教えられない。いくら「チーズ」と笑いなさいと教えても、それはマニュアル通りの笑いでしかなく、アマチュアの域から抜けられない。その点で、企業人として、プロとアマの差が出る。

③情熱に火はつけられるか

　素質と言ってしまえば、話は進まなくなるのではないだろうか。確かに、一流と平凡では、何を比較対象にするか、何を基準に取るかはあるが、素質や情熱に差は存在する。個人毎に考えても違いはある。

　会社組織は、多くの平凡と言われる人で成り立っている。会社組織には、多くの職種があり、職種の定義はできる。しかし、職種に求められる素質は定義し切れていない。営業職においても同じである。

　会社経営においてできることは、何だろうか。職種に関する適・不適の素質よりも、人の「個性」に会社も個人も気付くことであり、「情熱」に火をつけることである。

　個性は、次の言葉を考えてみることである。「鋭きも鈍きも共に捨てがたし、錐と槌との使いなば」（広瀬淡窓）や、「人を取り育て申す心

持は、菊好きの菊作り候ようには致すまじき儀にて、百姓の菜大根を作り候ように致す事に御座候」（細井平洲）[11]。

　さて、あなたは自分をどのように見ているのだろうか。営業は、いろいろな個性を生かせる職業である。「情熱」に火をつけることとは、「好きこそ物の上手なれ」にある。営業職に就く者について言えば、営業を好きになることである。「好き」という言葉は、感情的な言葉ではあるが、営業が好きになるとはどのようになることであろうか。営業を正しく知ってもらうことである。

3）エディー氏に学ぶ

　エディー・ジョーンズ氏は、2012年ラグビー日本代表のヘッドコーチ（HC）に就任した[4,13]。2015年、南アフリカで開催されたラグビーワールドカップ（W杯）で、日本史上初の3勝を挙げた。

　従来、日本は、W杯で1勝しかしていなかった。当時の日本ラグビー界は、二つの問題を抱えていた。一つは、世界のラグビーの中で、日本の置かれている状況をラグビー関係者が認識しようとしていなかった。二つ目は、国際試合では戦う前に既に負けていた。即ち、世界の強豪相手に健闘しただけで、日本国内では評価されるというぬるま湯に浸かっていた。

　エディー氏から学ぶことは、いかにリスクがあろうと、自分の選択を信じる力と勇気をもってやり抜く凄みである。彼自身が常に誰よりもハードワーカーで、誰よりも本気である姿を見せていた。率先垂範の典型である。

　日本を代表するラガーマン達だから、ラグビー選手としての素質が

第1章　営業とは何か

あり、ラガーマンとしての情熱を持っているはずである。彼らをして意識改革から始めるとは、どういうことであろうか。エディー氏を日本に招聘した方を除き、日本のラグビーに係る人々が、日本ラグビーのぬるま湯に浸かっていることに、気づかぬままにいたことになる。

　経営で言えば、市場の決戦の場は、どこかということである。日本の市場で勝って、自分達は勝者だと満足していてよいのかと問われているのと同じである。世界の市場で勝てないことには、いずれ敗者になりますよと言われている。

　そのための組織作りは、だれがどうしたらよいのかになる。その答えを、ラグビーでエディー氏がやって見せている。

　今回の事例を、四つに分けて整理をした。中でも、危機感に基づく意識改革と目標設定に真髄がある。「勝つ」ことに向かって、あらゆることに挑戦し、実践している。継続的に成長していくために、選手をして、自らが自らを鍛え直すことにさせたことだ。日本人にも世界で戦える可能性があることを証明して見せたことだ。

①意識改革〜高い目標設定と明確なプラン

　エディー氏が取り組んだのは、意識改革である。そして、高い目標設定と、目標を実現するための緻密なプランニングと実行である。

　エディー氏は、関西ラグビーのトップリーグや大学のコーチを前に2013年7月「日本人は、みんな、他の人と同じでいたい。だから変われない。本気で変えたいなら、君達が変わらないといけない」と、日本人コーチングスタッフに意識改革を求めた。

　日本で蔓延していた裏付けのない精神論や言い訳は、否定された。平均体重が日本より 11kg 重い相手とのコンタクトで渡り合えるために、肉体強化のストレングス＆コンディショニング（S&C）を徹底的に

行った。体重差を5kgまで縮めさせた。

　また、意識を国内から世界に向けさせた。日本の選手達は、これまで大学やクラブで日本一にしか興味がなく、それで満足する国内志向の考え方だった。そうした選手達のマインドセット（考え方の枠組み）を、世界で通用するように変えようとした。

　エディー氏は、W杯の対戦相手が南アフリカに決まると、「南アに勝つ」と目標設定をした。目標から逆算して、緻密にプランを組んだ。誰と戦うのか、どんな戦略を持って戦うのか、それらを試合でいかに実行するかである。

　プロジェクトを立ち上げたら、誰を一緒のバスに乗せるか決めなければならない。コーチは勝つためにアイデアに優先順位を付けて、オプションを三つに絞り、選手に徹底を図るのがいいコーチの条件である。プランを選手に対してプレゼンする能力がいる。そのために三つの方法がある。即ち、図、ビジュアル（映像）、トークの三つの効果的な使い方を学び、選手に何を、どう話すかまで習得させる。

　事前の練習プランは五つ用意する。彼の練習メニューは日々違うが、それを試合で100%発揮させるために、練習で150%やらせる。

　目標達成に向けたプランの進捗度チェックを毎日した。選手のレベルが、ある時点の目標に到達していない場合、コーチングスタッフは、プロセスが間違っていると指摘され、別の新しいアイデアを用意した。個の力である基本プレーの精度が飛躍的に高まった。

　目標にたどり着くまでの絵を描き、ステップを上がっていっているという手応えを感じさせている。

②強みを伸ばす～自分の目で見て考え、データで見える化

　ヘッドコーチであるエディー氏は、自分の目で見て考え、データで

確認する。それでも課題が解けなければ、再度、自分の目で見て突き詰めて考えるというサイクルを繰り返す。

　データ収集に当たっては、最先端技術を駆使する。選手のユニホームにGPS対応のチップを装着させ、試合中の走行距離やスピードの変化を記録する。ドローンも活用している。それによって、選手の課題を「見える化」する。練習の実態が見えるから、指導にも説得力が増す。一方で、メンタルコーチも活用している。

　エディー氏が見出した日本人の特徴は、勤勉さ、規律、精神的な忍耐力が高かいことであった。朝5時から1日4回の練習という世界でも類を見ないハードワークを課した。コンディショニング理論からすると異例であった。エディー氏は、誰よりも早くグランドにいて練習を先導した。

　エディー氏の経験に裏打ちされた直感と自分の目で見ること、データを駆使した合理的なプランニング、そしてハードワークが相まって、日本代表チームの強みを見つけ、強みを伸ばすことをした。そして、ジャパンウェイが構築された。

③オープンイノベーション～目標達成のためには外国や異分野からも学ぶ

　エディー氏は、南アに勝つためにはセットプレーの強化が必要と考えると、フランスからスクラムのコーチ、イングランドからラインアウトのコーチを招聘した。低いスクラムに磨きをかけるために、格闘家高坂剛氏を呼んだ。必要な人材や環境を的確に整備した。強豪国とのテストマッチ（国際試合）に勝利し、意識は次第に変化していく。

④1年前から、やらされるのではなく、自主性を持つことを意識した

　「もしかしたら勝てるかもしれない」となり、「これだけやったから

勝てるはず」になる。チームプレーとして各人が自分の責任と役割を高いレベルで全うできるようになった。「世界で勝てると信じられた」とリーダークラスの選手は語っている。

4）教官が教えることはすべてか

①カナダのマクマスター大学医学部の話

　植村研一氏（1996年当時浜松医科大学教授）は、次のような話をしている[3]。カナダやアメリカの医学課程は4年、日本は6年である。伝統的に医学部教授が講義をして学生に知識を与える方式である。

　ところが、カナダのオンタリオ州にあるマクマスター大学は3年で卒業できる。同大学では、1年生で基礎医学、2年生で模擬患者に接して問診を学ぶ。3年生で病棟へ行き、本物の患者を診察する。この課程が終わると、本人の希望によっては卒業しても構わない。

　カナダのある病院長は、「名門トロント大学とマクマスター大学から研修医を採用すると、マクマスター大学卒業生が当直の夜は、安心して眠れる」と言っている。なぜなら、彼は自分が処置できると判断した患者は、きちんと自分でやる。これは手に負えないと思った時だけ院長を起こす。つまり、自分というものがよくわかっていて、やり過ぎることもないし、やり足りないこともない。

　そこへいくと、トロント大学卒の研修医は、一杯の知識が頭に詰まっている。ところが、どこまで自分の手でやれるか、その範囲が分かっていない。できないことに手を出してしまう。こんな危険なことは無い。この研修医が当直だと、私はおちおち眠れない。

　両大学の教育の違いがよく出ている。たしかに知識は多いに越した

第1章　営業とは何か

ことは無い。しかし、それが良い医者なのかどうかとなると話は別になる。「医師に本当に求められるものは何か」という問になる。

　この医学課程年限の違いや教育の違いは、どのようにして起きるのだろうか。マクマスター大学の教官への辞令や、医学部に入学した学生の授業を見てみよう。

　マクマスター大学の医学部教官が辞令をもらう時に、次の条文にサインをする。「学生に直接知識を伝授した場合には退職する」

　なぜなのか。学長の信念から生まれた制度だからである。即ち、医学部学生が学ぶべきことは知識ではない。必要なのは自分で発見する能力であり、自分で問題を解決する能力なのだ。

　1週間の授業は40時間組まれている。そのうち教授が指導するのは週2回、1回1時間、計2時間で、あとは学生達が自分で勉強するシステムである。

　医学部に入学した1年生は5人ずつグループに分かれ、いきなりカルテ（病気の診療簿）を渡されて、教授から言われる。「ここに書かれている症例は何か、調べて判断しなさい」

　5人は図書館で内科の教科書を調べて、教授に糖尿病と報告する。「ちゃんと調べたね、聞くが、糖分を摂取すると体内でどのように代謝されるか」

　学生達はまた図書館で生化学の教科書に当りをつけて調べる。そうやって、学生達は次々に自分で勉強させられていく。

　最初の症例をパスするのに10週間くらいかかる。1年間に40症例をこなさないと、退学させられる学則がある。1年間は52週である。最初の症例のように10週間も時間をかけていては、とても40症例は無理なことになる。この時点で学生達はパニックに陥る。

やがて、5人のチームであることに思い至り、一人一人の役割を考えて、問題解決に至る。

②ケースメソッド

マクマスター大学のやり方は、ケースメソッドである。医者として必要な基礎知識を、症例というケースを通じて身につけさせていく。将来の医師に必要な能力をわからせる仕組みである。教授陣はケースという症例を充分に練り上げておくことになる。症例という特化されたケーススタディを通じて、医学生達に如何に適宜に質問をして医学知識を体系化していくことに、教授陣は腐心をしていることであろう。教育の原点である「ソクラテスの産婆術（問答法）」が生きている。教育 (education) という言葉は、ラテン語で引き出すという意味の educo が語源である[1]。

医学の進歩が急速に進んでいる現代は、絶えず勉学し研究していく医師だけにチャンスが与えられる。つまり、自ら問題を発見し解決していく能力を磨くものだけに、患者の病気の真因発見と適切な治療のチャンスがある。

ケーススタディは通常あるレベルに達したものを対象に行われる。マクマスター大学の事例のように、新入生から始めるのはなかなかできることではない。知識の伝授であれば、伝統的なやり方である講義方式の方が体系的であり、早く教えられるからである。この常識をマクマスター大学医学部は覆している。教える側と教えられる側との間で、人の可能性に光を与える。自分の頭で考え、自分達の手で「新しい仕組みやルール」を作っていく土台ができる。

---

[1] 『研究社羅和辞典』田中秀央編、1966年10月増訂新版

5）自らを振り返ってみる／ビッグファイブ理論

　教育と労働の問題を統一的に考えるのに有益な考え方を提供したのは、ジェームス・ヘックマン教授（シカゴ大学、2000年ノーベル経済学賞受賞）らである[7]。

　彼らの研究は「非認知能力」の役割を強調している。認知能力がペーパーテストで測る能力とすれば、非認知能力はテストなどで測れない能力である。彼の論文の中では、認知能力と非認知能力を、認知スキル（認知能力）と性格スキル（非認知能力）と呼び変えている。性格スキルは、人生の中で学ぶことができ、変化しうるものであるとしている。結論としては、次のことを明らかにしている。

・学力より性格が、職業人生に大きな影響があること。
・性格スキルは、青年期以降も向上が可能なこと。
・企業外訓練より職業実習で高い成果があること。

　性格スキルをよりきめ細かく定義するために「ビッグファイブ理論」を提唱している。人の性格は、ビッグファイブ理論によると、五つの性格特性で説明できる[8]。即ち、外向性、協調性、良識性（真面目さ）、精神的安定性、開放性（知的好奇心）である（次頁の表101）。

1．入社前の状況

<表101>ビッグファイブ理論の定義

要素	定義	側面
外向性	自分の関心や精力が外の人や物に向けられる傾向	積極性、社交性、明るさ
協調性	利己的でなく協調的に行動できる傾向	思いやり、やさしさ
良識性 （真面目さ）	計画性、責任感、勤勉性の傾向	自己規律、粘り強さ、熟慮
精神的安定性	感情的反応の予測性と整合性の傾向	不安、いらいら、衝動が少ない
開放性 （知的好奇心）	新たな美的、文化的、知的な経験に開放的な傾向	好奇心、想像力、審美眼

(1)「性格診断テスト」の実施

　ビッグファイブ理論を使った村上宜寛教授（富山大学）の「性格診断テスト」とその方法を紹介する。

　「性格診断テスト」は、次の要領で行う。あまり深く考え込まず、感じた方の答えを選ぶ。

・自分に大体当てはまると思った場合は、「はい」に○をつける。

・自分に当てはまらないと思った場合は、「いいえ」に○をつける。

第1章　営業とは何か

<表102>　「性格診断テスト」

NO	質問	回答	
1	問題を綿密に検討しないで、実行に移すことが多い	はい	いいえ
2	どちらかというと怠惰な方です	はい	いいえ
3	他の人と比べると話好きです	はい	いいえ
4	どちらかというと地味で目立たない方です	はい	いいえ
5	思いやりがある方です	はい	いいえ
6	親しい仲間でも、本当に信用することはできません	はい	いいえ
7	将来のことを見通すことができる方です	はい	いいえ
8	どうでもいいことを、気に病む傾向があります	はい	いいえ
9	疲れやすくはありません	はい	いいえ
10	軽率に物事を決めたり、行動したりしてしまいます	はい	いいえ
11	どちらかというと、にぎやかな性格です	はい	いいえ
12	仕事や勉強には精力的に取り組みます	はい	いいえ
13	自分で悩む必要のないことまで心配してしまうのは確かです	はい	いいえ
14	人前で話すのは苦手です	はい	いいえ
15	誰にでも親切にするように心がけています	はい	いいえ
16	あまり心配症ではありません	はい	いいえ
17	他の人と同様に、神経質ではないと信じています	はい	いいえ
18	どちらかというと、気持ちが動揺しやすい	はい	いいえ
19	積極的に人と付き合う方です	はい	いいえ
20	特に人前を気にする方ではありません	はい	いいえ
21	どちらかというと徹底的にやる方です	はい	いいえ
22	難しい問題にぶつかると、頭が混乱することが多い	はい	いいえ
23	どちらかというと引っ込み思案です	はい	いいえ
24	他の人に比べると、あれこれ悩んだり、思い煩ったりする方です	はい	いいえ
25	みんなで決めたことは、できるだけ協力しようと思います	はい	いいえ
26	物事を難しく考えがちです	はい	いいえ
27	どちらかというと、飽きっぽい方です	はい	いいえ
28	物事がうまくいかないと、すぐに投げ出したくなります	はい	いいえ
29	いつもなにか気がかりです	はい	いいえ
30	いろいろな分野の言葉をたくさん知っています	はい	いいえ

1．入社前の状況

31	人から親切にされると、何か下心がありそうで警戒しがちです	はい	いいえ
32	問題を分析するのは苦手な方です	はい	いいえ
33	自分にはそれをする力がないと思って、諦めてしまったことが何回かあります	はい	いいえ
34	機会さえあれば、大いに世の中に役立つことができるのにと思います	はい	いいえ
35	どちらかというと、おとなしい性格です	はい	いいえ
36	何かに取り組んでも、中途半端でやめてしまうことが多い	はい	いいえ
37	あまり自分の意見を主張しないほうです	はい	いいえ
38	他の人と同じように、すぐに友達ができる方です	はい	いいえ
39	私は確かに自信にかけています	はい	いいえ
40	いろいろな問題や事柄から共通した性質を見つけ出すのは、ほかの人より得意です	はい	いいえ
41	機会さえ与えられれば、皆の良いリーダーになれると思います	はい	いいえ
42	私は重要人物です	はい	いいえ
43	ほとんどの知人から好かれています	はい	いいえ
44	いつも気がかりなことがあって、落ち着きません	はい	いいえ
45	みんなで決めたことでも、自分に不利になる場合は協力したくありません	はい	いいえ
46	広く物事を知っている方です	はい	いいえ
47	いつもと違ったやり方を、思い付きません	はい	いいえ
48	どちらかというと人情が厚い方です	はい	いいえ
49	誠実に仕事をしても、あまり得にはなりません	はい	いいえ
50	自信に満ち溢れています	はい	いいえ
51	筋道を立てて物事を考える方です	はい	いいえ
52	すぐに、まごまごします	はい	いいえ
53	他の人に比べると活発に行動する方です	はい	いいえ
54	たいていの人が動揺するようなことでも、落ち着いて対処することができます	はい	いいえ
55	はっきりとした目標を持って、適切なやり方で取組ます	はい	いいえ
56	くよくよ考え込みます	はい	いいえ
57	元気が良いと人に言われます	はい	いいえ
58	学校ではクラスの人たちの前で話すのがひどく苦手で	はい	いいえ

第1章　営業とは何か

			した（です）		
59	他の人よりは精錬された考え方をする方です	はい	いいえ
60	どちらかというと無口です	はい	いいえ
61	他の人に比べると、物事の本質が見抜ける方です	はい	いいえ
62	こまごまとしたことまで気になってしまいます	はい	いいえ
63	人の言葉には裏があるので、そのまま信じない方が良いと思います	はい	いいえ
64	どちらかというと三日坊主で、根気がない方です	はい	いいえ
65	いつも人の立場になって考えるように心がけています	はい	いいえ
66	緊張してイライラすることがよくあります	はい	いいえ
67	旅行などでは、予め細かく計画を立てることが多い	はい	いいえ
68	人助けのためなら、厄介なことでもやります	はい	いいえ
69	初対面の人と話をするのは骨が折れるものです	はい	いいえ
70	子供や老人の世話をするのが好きです	はい	いいえ

出所：村上宜寛、村上千恵子著『主要5因子性格検査ハンドブック』学芸図書

1．入社前の状況

(2)「性格診断テスト」の採点方法

A～F の得点を出す

A. 外向性____点（下記得点の合計を記入）

　得点の数え方：3、11、19、38、53、57 が「はい」の場合は各 1 点、
　　　　　　　　「いいえ」の場合は 0 点
　　　　　　　　4、14、23、35、37、60 が「はい」の場合は各 0 点
　　　　　　　　「いいえ」の場合は 1 点

B. 協調性____点（下記得点の合計を記入）

　得点の数え方：5、15、25、48、65、68、70 が「はい」の場合は
　　　　　　　　各 1 点、「いいえ」の場合は 0 点
　　　　　　　　6、31、45、49、63 が「はい」の場合は各 0 点
　　　　　　　　「いいえ」の場合は 1 点

C. 良識性____点（下記得点の合計を記入）

　得点の数え方：12、21、51、55、67 が「はい」の場合は各 1 点
　　　　　　　　「いいえ」の場合は 0 点
　　　　　　　　1、2、10、27、28、36、64 が「はい」の場合は
　　　　　　　　各 0 点、「いいえ」の場合は 1 点

D. 精神的安定性____点（下記得点の合計を記入）

　得点の数え方：16、17 が「はい」の場合は各 1 点
　　　　　　　　「いいえ」の場合は 0 点
　　　　　　　　8、13、18、24、26、29、44、56、62、66 が「いいえ」
　　　　　　　　の場合は各 1 点、「はい」の場合は 0 点

E. 開放性____点（下記得点の合計を記入）

　得点の数え方：7、30、34、40、42、46、54、59、61 が「はい」の場
　　　　　　　　合は各 1 点、「いいえ」の場合は 0 点

22、32、47 が「いいえ」の場合は各 1 点、「はい」の場合は 0 点

F. 良い印象を見せたいと、建前で答えていないかを確認する
　・9、20、41、43、50 が、「はい」の場合は、各 1 点。
　・33、39、52、58、69 が、「いいえ」の場合は、各 1 点。
その合計点が、9〜10 点の場合は、建前で回答したと判断する。
39 歳以下で 6 点以上、40 歳以上で 7 点以上の場合は、無意識にせよ建前で回答した可能性がある。

(3)性格の五角形を描く
　A〜E の得点に基づき、下記の五角形に書き込む
　　　　　＜図 101＞性格の五角形を描く

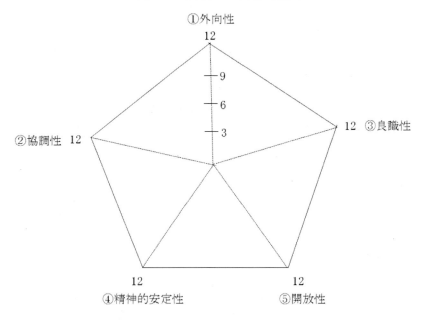

(4)性格診断の解説

　このテストは、日常生活で陥りやすい態度や人間関係の持ち方の傾向を客観的に知るためのものである。結果を見て自信を無くす必要はない。五項目すべてが平均的（下表年齢別得点参照）という人もいれば、ある項目のみが平均より上、あるいは下の人もいる。平均ゾーンから離れている点数が、その人の性格の特筆すべき特徴である。
　ビッグファイブ理論を応用した性格診断テストは、会社や教員の採用試験時に使われるなど、信頼性の見地から、有望なものになろうとしている。

＜表103＞性格診断の解説

5次元		平均的ゾーン				
		12～22歳	23～39歳	40～59歳	60歳～	
①外向性	外向的	5～9	3～9	3～8	4～8	内向的
	社交的、外交的で、仕事や勉強にも興味を持って一生懸命に取り組むことができる。 　チャレンジ精神も旺盛だが、周囲の意見を聞かずに一人で物事を推し進めることがある。 　たまには息を抜いて周囲を見渡すことが必要。			恥ずかしがり屋で、知らない人の集まりでは無口で遠慮がち。 　時には気難しい印象を与える。仕事や勉強、趣味など興味のある分野は狭いが、地道に取り組む姿勢はある。 　言いたいことを書き出し、その一つに絞って練習する。			
②協調性	温かい	0～3	8～10	8～10	9～10	冷たい
	他人の気持ちや相手の立場で考えることができる。 　相手との関係を考え、相手を信用できない場合は利用されないように、距離を置く。 　相手を見極め、不利な場合ははっきり断ること。			利己的で人に勝つことに関心が高い。 　腹の底では人を信用しないため、騙されにくいが、他人の過ちを責めるなどして周囲から冷淡な人と見られることがある。 　相手の本位を見極めること。			

③ 良識性	勤勉	1〜3	3〜9	3〜8	4〜8	怠惰
	責任感が強く、注意深く、お金やモノのムダ使いをしない。 　中には、勤勉さを相手にも強要する人もいて、体を壊したり、家族やプライベートの時間をおろそかにしたりという欠点がある。 　必要以上に自分を縛り付けていることは無いか見直す。					物事を軽率に決めたり、飽きて中途半端でやめたりすることがある。 　浪費家で、周囲の人には怠惰で無責任、不注意の印象を与えることもある。 　気分が乗らないけれど、少しだけやって考えよう。
④ 情緒安定性	気楽	3〜8	4〜9	4〜9	5〜10	神経質
	情緒的に安定しており、困ったことが起きても落ち着いて理性的に反応する。 　他人への嫉妬はあまり持たない。 　不満を言えない人の気持ちを汲み取るなどの配慮を忘れないようにする。					不安や緊張が強く、落ち込みがち。 　優柔不断で気が小さく、自分の生活に不満を抱くことが多い。 　情緒を安定させることは訓練で可能。物事を悲観的に考えないようにする。
⑤ 知的好奇心	思慮深い	3〜6	3〜6	4〜7	4〜8	浅はか
	好奇心が旺盛で、物事の本質を見抜いたり、先のことを見通したりする力がある。 　うまくいかない時には、原因を分析し修正していく傾向が強い。 　音楽や美術などに関心を持つ人も多い。 　リーダーシップを発揮する場合は、冷たい印象よりは温かい印象など、人に与える印象に注意がいる。					自分の知らないことを知ったり体験したりすることには関心がなく、知識の範囲が狭くなっている。 　厄介な問題からは逃げ、困ったことが起きると動揺する。 　自分のやり方が間違っていると指摘されても、なかなか理解できない。 　仕事や生活で問題が起きた時、不愉快でも問題を詳しく検討するようにして、問題の本質を見抜く力を養う。

2．会社の中における営業の役割

1）会社のバリューチェーンにおける営業の位置

　会社毎に業務プロセスがある。バリューチェーンと呼ばれたりする。メーカーの営業であれば、生産される製品と顧客（法人又は個人）とを結びつける。下図は、営業を別会社（販売会社）にした例である。

<図102＞メーカーの業務プロセスの例

出所：花王㈱のHPによる。

　卸売業の営業は、仕入れた商品と顧客（法人）を結びつける。

<図103＞卸売業の業務プロセスの例

第1章　営業とは何か

2）営業の役割は何か

　どの会社をみても、営業がいない会社を発見することは難しい。しかしながら、営業は本当に会社経営に役立っているのだろうか。

　セオドア・レビット（米国マーケティング学者）は、論文「Marketing Myopia」（ハーバードビジネスレビュー1960年7-8月号）で、マーケティングと営業（販売）の違いを次のように述べている[12]。

　「マーケティングと販売は、字義以上に大きく異なる。販売は売り手のニーズに、マーケティングは買い手のニーズに重点が置かれている。販売は製品をキャッシュに替えたいという売り手のニーズが中心だが、マーケティングは製品を創造し、配送し、最終的に消費させることによって、顧客のニーズを満足させようというアイデアが中心である」

　「産業活動とは、製品を生産するプロセスではなく、顧客を満足させるプロセスであることを、すべてのビジネスマンは理解しなければならない。顧客とそのニーズから始まるのであって、特許や原材料、販売技法からではない。」　製品中心ではなく、顧客中心でビジネスを考えることを提唱している。

　また、マーケティングの大御所であるフィリップ・コトラー教授が、マーケティングと営業の違いを述べている[1c]。

　今日の成熟した社会では、競合している企業同士が作る商品は、似ている。その中で、営業員は「うちの製品は他社と違って特別なのだ」と、説明して売ろうとしている。それに対してマーケティングの仕事は、説明しなくてもいい製品を作ることである。つまり、マーケティングがよい仕事をすれば、営業員はいなくてもいいと言っている。

2．会社の中における営業の役割

　確かに営業が不必要になるくらい、独自性のある良い商品を作ることが、会社の使命である。理念的にも、戦略的にも、マーケティング活動によって独自性がある商品を作り、ユーザーや消費者に提案できれば、営業がなくてもやっていけそうだ。経営者であれば、営業員とマーケティング要員のどちらに優秀な人材を配置するのかを考えてみるとよい。

　しかし、多くの会社に営業組織は存在する。なぜなら、本当に差別化が図れている商品を提供しているのは、ほんの一握りの会社である。その商品の寿命が短いことがある。

　多くの商品は、類似性があり、見方によって一長一短である。むしろ営業の役割は、お客を開拓することにあり、顧客作りにある。

　業務プロセスで見たとおり、業務プロセス毎に機能があり、各々が関連しているから会社は成り立つ。その中で、営業は、会社と顧客との間を結びつける役割を果たしている。

　そのために営業の仕事は、顧客に商品の差別化のメッセージを伝え、消費者やユーザーの意思決定に影響を与えることである。

　トップ営業員は、単に商品を売ろうというのではない。お客との関係作りがうまい。人の話をよく聞く。よく勉強している。自分の仕事によってお客にどのような価値を提供できるかということを、とても大事にしながら仕事をしている。

　フィリップ・コトラー教授が勤めるノースウェスタン大学ケロッグ経営大学院には、他のビジネススクールとは違って、営業と営業マネジメントのコースがある。営業の重要さを承知しているからだろう。

3）営業の人材像

(1) お客の数を「10の何乗か」で考える

　営業は、お客の数を考えることから始まる。営業の対象になるお客の数によって、営業に求められる人材像が違い、向いている営業のタイプや身に着けるべき技能（スキル）や必要な経験量が違う。お客の数とは、「10の何乗か」で考えることだと、大前研一氏は提唱している[1a]。下表がその例である。

<表104>10の何乗かによる販売対象

お客の数	例	担当営業の人材像
$10^0 = 1$ 人	防衛省に航空機を納入する	該当なし
$10^1 = 10$ 人	電力会社に原子力発電設備を売る	経営者や取締役クラス
$10^2 = 100$ 人	石油会社に巨大タンカーを売る	技師長や設計のトップ等のシニアエンジニア
$10^{3〜4}=1000$ 人〜	製造業に産業機械を売る	相手の問題を解決できる 30〜40代の営業職
$10^5=10$ 万人	汎用的な事務機器やレジスターを売る	相手の琴線に触れるコミュニケーションができる営業職
$10^{6〜7}=100$ 万人〜	マス向けに食品や日用品を売る。	ソーシャルメディアを活用できる若手。買う立場に立った代理人の重要性が高まる

(2) お客・単価・営業スタイル

　営業の仕事は、誰に対して、どのようなものを売るかによって、そのプロセスや手法が異なる。従って、次の三つに分けてみる。
① 「お客は誰か」は、個人か法人に分かれる。
　別名、BtoB（会社対会社）又は、BtoC（会社対個人）と呼ばれる。
② 商品やサービスの違いの中で「単価」の違いに着目して、凡そ高額商品か低額商品に分ける。
③ 「営業スタイル」という分類は、新規開拓を主とするか、固定客へのルートセールスを主とするかで、二つに分かれる。

　以上を、業種の例を挙げて一覧表にする。

＜表105＞お客、商品単価、営業スタイルによる分類

お客は誰か	商品単価	営業スタイル	業種の例
個人	高い	新規開拓	住宅、不動産、自動車、生命保険、証券等
		ルート営業	百貨店の外商、高級外車、証券等
	安い	新規開拓	新聞、日用雑貨、教育教材、健康食品等
		ルート営業	化粧品の訪問販売、家庭用品レンタル、クリーニング業等
法人	高い	新規開拓	情報システム、工作機械、不動産、広告等
		ルート営業	銀行、商社、機械リース、広告等
	安い	新規開拓	給茶器のレンタル、衛生グッズ、オフィス環境商品等
		ルート営業	オフィス消耗品販売、観葉植物レンタル、宅配便、印刷、加食や日用品卸売業等

第1章　営業とは何か

(3)お客の集客と開拓

　お客を集めるには、新規開拓の営業と、既存顧客を継続的に営業（ルート営業）することの二種類がある。また、新規開拓した顧客をルート営業に定着させることがある。

　お客を集めることができて売上が上がれば、営業員を増やすことも、商品品質を向上させることも、価格を下げることもできるようになる[6]。従って、集客は顧客戦略として重要である。

　収益力を上げるには、一つ目は、広告宣伝のノウハウを蓄積することである。二つ目は、優良な見込み顧客を集めて、その集客コストを下げることである。一般的には、新規顧客の獲得コストは、既存顧客の維持費よりもはるかに高い。約6～10倍と言われている。

<表106>お客獲得を軸とした販売のとらえ方

お客		獲得に有効な方法	販売費
新規顧客	見込み客	・広告宣伝 　（ダイレクト・レスポンス広告） ・営業員による探客活動 　（紹介、飛込、テレマーケティング等）	新規顧客に販売するために要するコストは、既存顧客の約6～10倍
	成約	・効果的セールストーク 　感動セールス 　コンサルティング・セールス	
既存顧客		・顧客満足、顧客サービス ・商品品質 ・継続的なワン・トゥー・ワン・コミュニケーション	

4）営業員とはどんな人

(1) 選ばれる営業員はどんな人か

　営業員は、社外にいるお客から自社の商品やサービスを成約することを仕事としている。

　営業員は、商品やサービスを提案するに当り、お客が主演する物語を作る。営業員は、お客に商品を単に売るのではなく、その商品がある仕事の現場や光景を、リアルに想像させ、お客の心理に訴えかける物語製作者である。

　一方、購買を担当しているバイヤーは、従来、開発や技術、生産部門から言われたものをいかに安く買うかが仕事だった。今のバイヤーは、これを使えば、より安く、より適したものが作られるという提案を求める。そこで、営業員に力を貸してほしいのだが、現状はどうであろうか。

　営業員が、バイヤーと同じ方向を向くには、バイヤーとその会社のことをよく知らなければならない。営業員は、お客のことを知ろうとしているだろうか。

　あるバイヤーは、最近の営業員はマニュアル化しすぎているという。想定問答の答えは準備しているが、お客のことを調べていないために、お客にとって購入する意味や付加価値を示せないという。例えば、製品の性能しか売り込みができない営業員は、バイヤーから「ここは他社製品より劣る」と突っ込まれ、性能で他社に負けてしまうと、何もできなくなってしまう。

　「でも、この面ではメリットがあります」とお客の事情に合わせて切り返せない。切り返すにはどうするか。

第1章　営業とは何か

　例え一部の性能が低くても、提案対象の全体に広げたメリットをストーリー立てして、提案ができることだ。そのためにはお客のことを知ることである。バイヤーは、商品を購入する付加価値が示され、一つのストーリーとして聞くことができる。バイヤーが、購入に当り、社内で同様のストーリーを語ることができる。

　納期が遅れた時、バイヤーの社内対応を見てみよう。サプライヤーに納期を破られた時、社内で謝るのはバイヤーである。その姿を営業員は想像できるだろうか。「どうせ納期は鯖を読んでいる」と高を括る営業員がいる。一方で、バイヤーが自分に代わって社内に謝る姿を想像できる営業員がいる。当然、対応の仕方が違ってくる。バイヤーはその対応の違いを見ている。

　営業員とバイヤーの間の取引は、単なる売りと買いの関係ではなく、互いに自分の会社を背負いながら向き合い、どちらも自社内を調整しながら、価値を生み出す共同作業である。

(2)営業員の五つの能力
　どうすれば、お客に「選ばれる営業員」になれるのだろうか。バイヤー達が、付き合いたいとした営業員の能力を調べてみた。次の五つが挙げられた[5]。
①基本力
　営業員に今も昔も変わらず求められるのは、基本なことを確実に実行することである。基本を軽視すると、お客の信用を無くす。営業員だけに求められることではない。それは、社員として当たり前のことを当たり前にやることである。
　基本力として実行を求められているのは、次の三点である。

2．会社の中における営業の役割

・約束した時間を守る。
・足を運んで顔と名前を覚えられる。
・相手の興味を引くプレゼンテーションを行う。

②情報力

　情報力は、市場のデータを収集し、それに付加価値をつけて情報として発信する力である。お客の役に立ちたいという「思い」を仕事の中心に据えると、視野が広がり、感度の高い情報力が身につく。

③共感力

　お客の課題を自分のものとして感じ取ることができるようになれば、それが仕事の原動力になる。お客がこの人と一緒に仕事をしたいと、その取り組み方に感動すれば、信頼を得られる。従って、共感力は、営業員がお客の会社を「よりよくしたい、よりよくありたい」という「思い」を、お客と共有できることである。即ち、「共感力」は営業力を下支えするものである。

④顧客シミュレーション力

　顧客シミュレーション力は、お客の求めているものを知り、お客を「思い」やる力である。言い換えれば、販売先のバイヤーが今どのような状況に置かれているかを察知し、相手の立場になって考えることができることである。力を貸すことができれば、バイヤーを味方にすることが可能になる。

　お客が抱える課題には「目に見える課題」と「目に見えない課題」がある。目に見える課題は、バイヤーに聞けばわかる。これに対して、お客も気づいていないような「目に見えない課題」を探り出し、ソリューション（解決案）を提供した時のお客の満足度は限りなく大きい。このプロセスを下支えするのが、「顧客シミュレーション力」に他なら

ない。バイヤーは顧客シミュレーション力の高い営業員には心を開き、貴重な情報を提供してくれる。

⑤社内力（社内調整力）

　社内力は、自社内の情報を収集し、社内を調整する力である。社内力は、どこから生まれるのであろうか。自分が背負っている商品に対する強い「思い」入れが、源泉ではないだろうか。それがあるからこそ、商品の製造方法や技術計算等を知っており、社内に影響することになる。社内力は、営業という仕事に対する「思い」入れをもつことで高めることができる。

　その上で、お客から得た情報を基に解決策を実行するには、案件にもよるが、営業員一人の力では限界がある。上司や他部門に動いてもらうことである。会社という組織を動かすことである。

　社内調整に尽力する営業員は、お客にも率直である。「これがネックになっている」とお客に理由を明かした上で、「店舗への配荷率を上げていただくと対応ができる」という。「それならば、店舗運営部門と掛け合って調整してみよう」と、バイヤーは動くことになる。

　さて、以上の五つの能力はある日突然身につくわけではない。営業職の実務を通して、日々気付くことから身に付けて行く。スタートラインに立った時から年度毎に成長の証を自己評価してみることだ。

(3)営業も専門職、経営者も専門職

　営業は専門職である。しっかりと腕を磨くことである。営業が専門職だからと言って、経営者になれないわけではない。他の部門の専門職と同様に、経営者になる可能性はある。

　将来、経営者を目指すならば、経営者もまた専門職であることを頭

2．会社の中における営業の役割

においておくことである。経営をマネジメントするのは、一般社員が出世して、経営者になるのではない。マネジメントを遂行する上で必要な能力があるからこそであり、その任に就けるのである。経営職としての能力が自らにあるかどうかを問いかけ、磨いておくことである。経営者としての適正があるかどうかを自己認識する時に、客観的にできるかどうかである。

　古典的には、ロバート・カッツ教授（米国）が提唱した管理者には三つの必要な能力がある。テクニカルスキル（業務遂行能力）、ヒューマンスキル（対人関係能力）、コンセプチュアルスキル（概念化能力）である。職位が上がるに従ってコンセプチュアルスキルの割合が大きくなると言っている。

　マネジメント職や経営職が求められることは、まず、自ら意思決定できること、実践できること、責任をとることである。

　次に、能力を言えば、論理的であり、言語表現でき、行動できることである[14]。能力を具体的に言えば、論理思考力と概念的理解力の両方があることである。前者は、論理的に持論を展開できることである。後者は、人に理解してもらえる言葉を持っていることである。なおかつ概念的理解力の方が勝っていることである。なぜなら、マネジメント職や経営職は、自分が考えていることや、会社の目標を話す時に、内容を論理的に組み立てた上で、社員に理解してもらえるように言葉を尽くして、伝える必要があるからである。

　その点で、営業職で自らを鍛えれば、客先への営業過程の中で、論理思考力と概念的理解力を磨くことになる。お客を説得するという概念的理解力が求められる。何よりも社内外で行動できることだ。営業職は、経営職になる可能性を秘めている。

3．営業学を考える

1）「営業学」の必要性

①営業がスターター

　営業という言葉の背後にある歴史が、「売る」仕事を嫌だ、と学生に言わせているのかもしれない。「売る」ことを低く見るのは、江戸時代の「士農工商」の身分制度に代表される [9, 10]。明治時代になって、殖産興業・富国強兵を中心に産業の活性化が図られた。しかし、明治以降も、商業は低い地位に位置付けられたままであった。四百年の歴史が日本人の意識の中に定着していったのだろう。

　会社は、会社法にあるとおりに、「商人」の集団である。会社の経営では、どんなにいい商品を作って、営業したとしても、ユーザーや消費者に買ってもらえないことには、開発費も広告費も販売費も、一銭も回収できない。営業できなければ、経営が成り立たない。だからこそ、損益計算書のトップの欄には「売上高」が記載されている。

　お客が商品を購入し、使って始めて、商品の価値は伝わる。お客が商品を購入することで、営業する会社の売上と利益になる。日を置いてお客から現金が回収される。即ち、売掛金が現金化される。この循環（在庫→売掛金/売上→現金）を頭に畳み込むことである。利益とキャッシュの増える循環があると、会社は継続的に存在できる。

　営業は、会社が外に向かって働きかけるスターターである。企業理念が、ソロバンになって動き始めるのは、営業が活動するからなのだ。

②市場を考える

　いい物を作るのは大事なことである。もっと大事なことは、顧客を

日本市場だけで考えるか、世界市場で考えるかにある。良い商品を作っても、日本市場で安住していることが多い。世界市場で売れなければ、市場は、評価しない。テレビがいい例である。日本の液晶テレビは良いとの評判であった。気が付くと世界市場からは求められていなかった。良い商品とは何であろうか。商品の性能に対する考え方である。商品が持っているデザイン、使い勝手、価格、販売チャネル等々の使う者にとっての効用であり、利便性である。

　日本の産業に必要なことは、世界市場で評価を受けることである。そのためには、マーケティングからは商品としてのアプローチがあり、営業からは顧客作りからのアプローチがいる。世界の市場では勝負するには、そのことに気付くことだ。営業とは、顧客に頭を下げることが仕事だと思っているうちは、日本の市場ではいざ知らず、世界市場では勝てない。その意味では、営業の本質を変えていかないと、いけない時代だ。学生が嫌がる仕事である内は、営業の本質に迫っていってないことになる。

③大学と営業学

　大学は、大学としての本分がある。大学は、研究の場であり、教育の場である。大学が、職業訓練場ではないとの意見はもっともである。大学で学び、卒業したからと言って、社会人として完成されていることや、会社勤めを保証するものではない。大学を社会人になることや会社勤めになっていくプロセスと見ることも無い。

　一方で、多くの学生は、大学を出て会社勤めをする。今は、文系・理系と区分する必要もなく、例えば数学は共通科目の時代になってきていると思う。大学の文系学部である法学部、経済学部、経営学部、商学部、文学部、教育学部、あるいは理系学部の経営工学部等の中に、

営業を体系的に学ぶ場があり、営業という「実学」を前面に出した学問「営業学」がある方がよいのではないか。明治時代に官僚や法曹家を育成するために官立の大学を作ったことを考えれば、時代とともに求める学部に組み替えて、新たに作った方がよいと考える。

④会社での自学

大学までの学校教育は、わからなければ先生に聞けば解答が得られた。知識は、教育によって伝えることができる。技能は、訓練によって身に着けさせることができる。その意味では、知識も技能も再現性があり、教える側から学ぶ側への伝承が可能である。

会社に入社すると、どの職務であろうと、自分で考えて、成果を上げるように環境が大きく変わる。自ら考えて行うようにできるために、現時点の最新の知識や技能は、求める者に早くに伝授した方が良い。知識の教育でも、技能の訓練でも、実業界との幅広い交流がもっとあった方がよいと考える。自分で課題を見つけ、答えを出す主体的な習慣を身に着けることである。

・今ある仕事の効率化を求めるHOWの能力がいる。
・自ら課題を見つけ、解決策を考えるWHATの能力がいる。
・なぜそうするのかというWHYの考察がいる。

⑤人の可能性

会社経営に携わるものが忘れてはならないことがある。

第一に、人には無限の可能性があり、適切な環境と教育で、人は驚くべき才能を開花させることができることである。

このことに、本人も気付くことである。

第二に、会社組織への愛着心や思い入れを、企業理念・企業使命等の話を通じて、入社する者と共学することである。個人と組織が一体

となり、双方が成長し貢献しあう関係にしていくことである。

その上に立って、正しい仕事の仕方を身に付けことである。

教えることが、効果的であり、生産性を上げるには、見様見真似の丁稚奉公的なやり方ではあまりに時間がかかり過ぎる。仕事の知識、技能や仕事の仕方を体系化して、社員の理解度に合わせて何度でも自習できるようにシステム化することである。例えば、教育内容を電子媒体化、視聴覚化、あるいはAI化することである。

もちろん、育成途中の人的なフォローアップは適宜に必要である。

2）営業学の科目案

営業に関する知識や技能を体系化して、営業学部を作ってみてはどうだろうか[1b, 1e]。営業学の内容としては、従来からの学問体系は別途に、営業という視点から体系化してもよいのではないだろうか。多くの学生が心踊る営業のメカニズムを明らかにする場にすることである。

現職として営業に係る社員が、営業の理論や実践を学びなおし、将来、営業職を指導できるに値するレベルにすることである。

営業学に係る基本的な専門科目を言えば、下記のような科目を取り上げることであろう。営業学に関連した基礎科目や教養科目は、今後検討する。幅広い教養が、グローバル化した時代であるだけに求められる。

(1)営業学の基礎10科目
①「ミクロ経済学」②「経営学」③「経営戦略」

企業が生む付加価値と営業の関連は、十分に議論されて然るべきだ。その意味では「ミクロ経済学」と「経営学」との関連は深く、両科目

を取り上げることだ。「経営戦略」は、経営を方向付けることと、継続的に勝ち続けていくにはどうするかである。

④「数学」⑤「統計学」

　今日のAIやIT技術を理解し、発展していくには、数学や統計学の知識は必須である。経営を行う上で技術革新を支えるには、数学における微分積分、組合せ、行列や確率等の知識があることが前提になる。統計は集団現象を数量的に把握する上で重要である。「マーケティング」を学ぶ前提として、「統計学」や「数学」の基礎的な数理手法を学ぶことである。

⑥「情報システム」⑦「ロジカルシンキング」

　「情報システム」としてプログラム言語の習得と、システム化していく設計能力を養う。システム化を図るには、思考方法として「ロジカルシンキング」が必須である。

⑧「マーケティング」

　マーケティングは、経営の成り立ちを本質から考えることである。マーケティングにおいて、営業が果たす役割は大きい。営業は、商品とその顧客を結びつけている。マーケティングと営業が連動して、商品の開発・営業・育成ができる。

⑨「法律」⑩「倫理」

　倫理観を持つことは、商売をする時に大切である。これは、営業に限ったことではない。嘘をつかないことを徹底することである。その意味では、営業行為に係る「法律」や「倫理」の理解が最低限いる。経営をする立場になれば、なおのこと倫理観がいる。取締役は、倫理観以外に縛るものがないのが、いまの会社法であり、資本主義である。

(2)営業学の実践7科目
① 「コンサルティング」
　営業が客先の問題解決に役立つからこそ、担当している商品が売れる。実際に、いい成果を収めている営業は、お客の課題を見つけて、自社の技術や商品を使って課題を解決する、あるいは相手に気付かせる「コンサルティング」を行っている。
② 「プレゼンテーション」
　プレゼンテーションは、社内外に伝える技術として重要である。何を伝えたいのかを明確にすることが、第一歩である。
③ 「商談」
　「商談」では、コミュニケーション、プレゼンテーション、心理学やゲーム理論の知見があることである。人とのコミュニケーションは、伝える側であれ、聞く側であれ、その難しさを意識しておくことである。商談の組み立て方を中心に学ぶ。
④ 「心理学」
　「心理学」からマーケティングや営業をアプローチすることである。商談や交渉時に相手の心理をどう読み解くかである。「心理学」を営業との関連で説明をする。
⑤ 「ゲーム理論」
　「ゲーム理論」は、戦略を考える時に重要である。また、商談や交渉時の場合分けをして、検討できることである。
⑥ 「ビジネスマナー」
　客先の第一線に立つ時、ビジネスマナーが問われる。例えば、時間や約束を守る、礼に始まり礼に終わるという当たり前のことが当たり前にできることである。相手の期待値を超えていればなおよい。

第1章　営業とは何か

商談や接待のいずれの場であれ、人間関係を作ることは同じである。
⑦「営業組織と人材育成」

営業を管理する立場であれば、営業組織作りや営業員の人材育成がある。事業規模や商品によって、営業組織にどれくらいの人数が適切なのかを見積もることができ、どういう教育訓練がいるのかが分かることである。

<表107>営業学に関連する科目一覧

学科		本書との関連
専門基礎科目	(1)営業学の基礎10科目。(4単位×10科目＝40単位)	
	①ミクロ経済学	
	②経営学	
	③経営戦略	
	④数学Ⅱ	
	⑤統計学Ⅱ	
	⑥情報システムⅡ	
	⑦ロジカルシンキングⅡ	
	⑧マーケティングⅡ	第1章と第2章で一部取り扱う
	⑨営業関連の法律	
	⑩倫理	
専門科目	(2)営業学の実践7科目。(4単位×7科目＝28単位)	
	①コンサルティング	第2章で一部取り扱う
	②プレゼンテーション	第2章で一部取り扱う
	③商談	第2章のテーマ
	④心理学	第3章のテーマ
	⑤ゲーム理論	第4章のテーマ
	⑥ビジネスマナー	第2章で一部取り扱う
	⑦営業組織と人材育成	
基礎科目（28単位）		専門基礎科目の内、時間をかけて習得させる科目：例④数学Ⅰ～⑧マーケティングⅠ等
教養科目（28単位）		哲学、音楽、美術、文学、スポーツ医学、生理学、地学(宇宙)等
単位計		124単位

第1章　参考文献

1. 「特集　速攻！営業学」『週刊ダイヤモンド 2014/03/22』
1a. 「今こそ必要な営業のプロ「サイバー営業力」を磨け」大前研一、ビジネス・ブレークスルー大学院大学学長
1b. 「経済学部、経営学部より「営業学部」が必要だ」山崎元、経済評論家
1c. 「優れたマーケティングは営業の必要をなくす」フィリップ・コトラー、ノースウェスタン大学ケロッグ経営大学院 SC ジョンソン特別教授
1d. 「「営業志望」をアピールすれば内定確率は間違いなく上がる」
1e. 「「営業課」が運営する「営業学部」大学生向け講座の中身とは？」
1f. 「ヘッドハンターが明かす「即採用！」＆「ダメ営業マン」」
2. 「読むクスリ 811 強肩・俊足・情熱」上前淳一郎著『週刊文書 2000/4/6』
3. 「読むクスリ 631 教える先生はクビ」上前淳一郎著『週刊文書 1996/8/1』
4. 「エディーに学べ　世界で勝つ組織論」『週刊ダイヤモンド 2015/11/21』
5. 『選ばれる営業、捨てられる営業』勝美明著、2012 年 8 月、日本経済新聞出版社
6. 「カネをかけずにお客をつかむ！」『週刊ダイヤモンド 1998/09/05』
7. 「経済教室　エコノミクストレンド　就業支援は「性格力」重視で」鶴光太郎（慶大教授）『日本経済新聞 2014 年 1 月 20 日』
8. 「Part2　性格診断編」『週刊ダイヤモンド 2008/11/08』
9. 『手に取るように小売・流通がわかる本』上原征彦等著、2015 年 9 月、かんき出版
10. 『小売業界大研究』結城義晴著、2010 年 4 月、産学社
11. 『経営実務で考えたマネジメントとリーダーシップの基本』尾田著、2015 年 4 月、三恵社

第 1 章　営業とは何か

12.「戦略経営はマーケティングから始まる－顧客のベネフィットを追及せよ」恩田直人早稲田大学教授『DIAMOND MANAGEMENT FORUM』平成 26 年 10 月
13.『エディー・ジョーンズの日本ラグビー改造戦記』大友信彦著、2015 年 9 月、東邦出版
14.「役員になれる管理職、なれない管理職の決定的な違い」八木昌美著『週刊ダイヤモンド 2018/09/15』
15.『かばんはハンカチの上に置きなさい-トップ営業がやっている小さなルール』川田修著、2009 年 8 月、ダイヤモンド社

第2章
商談技術

第2章　商談技術

1．商談とは何か

　今日、「売らんかな」の営業では務まらない。営業の独自性は、顧客を作ることである。営業は、顧客のコンサルティングを主体にする「問題解決業」へと、変わった。しかも、良い問題解決策であれば売れる、そうでない場合は売れないという、一度限りの単純な仕事ではなくなった。営業は、お客から相談相手として求められかどうかである。問題の解決策を買っていただくこと以上に、「共に創ること」になっている。お互いの会社の強みを生かして知恵を絞って解決することである。お客との「パートナー関係」を作ることが、営業には求められる。かつてのように、買う側が上位にあり、売る側が下位にあることということではない。50対50のイコールパートナー関係である。

　営業活動で客先との核になっているのは「商談」である。商談は、お客の心理を読み取り、お客がこの営業員と一緒に自社の問題を解決したいと思っていただけるようにすることである。

　商談の場面は、いろいろとある。ここでは、メーカー又は卸売業が、小売業と行う商談を想定して組み立ててみる。例えば、小売業との商談には、新製品の取り扱い、未扱い品の取り扱い、販促企画提案、定番棚割り提案、帳合新規・拡大提案、物流改善提案等の商談場面がある。それらの課題が、問題解決というコンサルティングを求められている。テーマによっては、短期的に解決するものもあれば、長期間要するものもある。それだけに信頼関係の樹立という「パートナー関係」が重要である。

　お客との取引関係は、継続的であり、長期に亘る。それだけに、お客との成果は、会社としての取組如何と、営業員の商談技術力という

1．商談とは何か

コンサルティング力に関わる。

　従って、商談というコンサルティングの三本柱は、次のとおりである。
・お客のニーズを「探る」
・お客に提案を「訴求する」
・お客の決心と行動を「決める」
　商談というコンサルティングの役割は、次の3点である。
・お客を「知って」
・お客の考えや気持ちを「掴んで」
・お客を「動かす」
　以上のことを遂行するために、商談において営業員が磨く基本の能力は、次の3つである。
・コミュニケーション力（57頁～61頁）
・プレゼンテーション力（61頁～78頁）
・クロージング力（98頁～103頁）
　これらは、「営業員の五つの能力」（34頁～36頁）の内、①基本力に含まれる。

営業員の五つの能力	商談における基本の能力
①基本力 ②情報力 ③共感力 ④顧客シミュレーション力 ⑤社内力（社内調整力）	・コミュニケーション力 ・プレゼンテーション力 ・クロージング力

第2章　商談技術

2．何を売るか

1）会社

「会社を売る」という意味は、一品一品取引することから、会社対会社の取引ができるようにすることである。これによって、取引をリピートでき、継続できるようになる。そのためには、取引している会社は、いい会社であり、取り組むことが必須だという認識をお客に持っていただくことである。自社が、お客である小売業にとって取り組むメリットを持っているかを考えてみよう。書き出してみると、自社の特徴が、特長（メリット）として理解される。それが客先にとってどのような意味があるか考えてみよう。自社が目指していることを書き出してみる項目は、次のとおりである。

<表201>会社の特徴

項目	項目
①会社の企業理念	⑨マーケティング力
②会社の歴史・沿革	⑩商品ライン
③会社の規模	⑪価格ライン
④経営戦略	⑫品質基準
⑤経営中期計画	⑬他企業との違い
⑥業績	⑭全国展開
⑦業界での位置	⑮組織とフォローアップ体制
⑧研究開発及び製品開発力	⑯その他

学生であれば、入社を希望する会社について、①～⑯迄を調査して書き出してみることである。自分が本当に目指すべき方向が分かってくるかもしれない。営業員であれば、自社のことであるから、毎年書き出して、更新していくことである。

2）自分自身

　自分自身を売るために自己診断をしてみよう。自己診断には、3つのウエアがある。即ち、ハートウエア（人間関係力）、ソフトウエア（提案・情報力）、ハードウエア（自社商品販売力）である。各々の項目を自己評価してみる。なお、項目の詳細は、本文に書かれている。参考になる頁を掲載しておく。
　「自己診断表」は、3つのウエアの基本的な項目を対象にしている。人は成長する。成長度合いを定期的に自己診断することであり、活用してみることである。

<表202>自己診断表

3つの ウエア	診断項目	自己評価 （年/月/日）		
		優	良	可
ハートウエア （人間関係力）	①身だしなみ、態度、言動、商談に対する姿勢が良い（143頁）。			
	②小売業の政策やバイヤーの考え方を理解している（90頁）。			
	③担当の会社内部の人間関係に精通し、キーマンを掌握している（83頁）。			
	④取引先に好意を持って受け入れられている。会社名でなく、自分の名前で呼ばれている。			
	⑤取引先の商談予約が取りやすい。			
ソフトウエア （提案・情報力）	①客先の業態に関する基本的な知識を持っている（立地、商品、価格、売場作り、広告、販促、サービス、経営数値等）			
	②関係するカテゴリー商品の知識がある（53頁）。			
	③情報力がある（35頁）。 ・消費者のライフスタイル・購買情報 ・カテゴリー情報 　・シーズン毎の売上指数を含む数値 　・地域の販売情報			

	・自社商品と他社商品の動向に関する情報 ・対象チェーンの個店情報 ・日本及び海外の小売業情報			
	④提案力がある（61頁）。 （棚割提案、販促・クロスマーチャンダイジング提案）			
	⑤単品営業からカテゴリー営業ができる。			
ハードウェア（自社商品販売力）	①自社の企業理念、経営戦略、中期計画を取引先に理解してもらえている（50頁、表201）。			
	②自社の特徴をお客に説明し、理解してもらえる（53頁）。			
	③お客を取引先から取組会社にする（50頁）。			
	④取引先の経営数値を把握している（85頁）。 　会社全体の売上高及び関連部門の売上高、経費率、営業利益率 　対象会社及び関連部門の販売数量			
	⑤自社商品の対象会社のおける売上高、販促費、利益（85頁）。			
	⑥自社商品の特徴とセリングポイントを把握し取引先のニーズに合わせて説明している（54頁、表203）。			
	⑦競合する他社商品の強み弱みを把握している（他社商品が分からないと、自社商品の差別化ポイントが述べられない）			
	⑧自社商品の効果的な販売方法を知っており、実行している（第2章商談技術）。			
	⑨取引先に年間販売計画書や販促企画書を作成し、取引先にタイムリーに効果的な提案している（85頁）。			
	19項目の〇印の合計			

3）商品

(1) マーケティング視点

　T．レビットは、『マーケティング発想法』の中で、商品の便益や効用、そして利活用を次のように書いている。「生産中心思想の経営者や学者は、個々の商品はそれぞれ物資として固有の特性を持つものであると考えている。彼らは、商品がその購入者に恩恵を伝達する手段であるとは考えてはいない。

　これに対して、経営者であるL．マックギブナ氏は、次のように言っている。「昨年、4分の1インチ・ドリルは100万個売れた。これは、人々が4分の1インチ・ドリルを欲したからではなく、4分の1インチの穴を欲したからである」

　マックギブナ氏が言うように、人が、お金を使うのは、商品やサービスを手に入れるためではなく、買おうとする商品やサービスが、自分にもたらしてくれると信じる期待価値を手に入れるためである。人は、4分の1インチの穴を買うのであって、4分の1インチ・ドリルを買うのではない。これこそが、マーケティング視点なのである。

　マーケティング視点が明確であれば、商品コンセプトを掴むことは容易になる。なぜなら、消費者が何を求めているかを考えればよいからである。」

(2) 商品のセリングポイントとベネフィティングポイント

　商品を、バイヤーにプレゼンテーションする時に、「商品作戦シート」で商品を分析してみると、商品がよく見えるようになる。

第2章　商談技術

①セリングポイントは、売る側の眼から見た商品の特徴と利点
・特徴は、その商品を作り上げている技術、デザイン、用途、香り、包装、市場、価格、広告宣伝、チャネルなどを述べたものである。例えば、営業員が「弊社のこの商品は市場でナンバーワンの商品です」と言っても、バイヤーは、「だから何？」と思うだろう。
・利点は、特徴がどんな働きや役割を果すかという商品の特長（メリット）、即ち、商品の効用価値を述べたものである。

②ベネフィティングポイントは、顧客の利益

バイヤー（買う側）にとっては利用価値である。例えば、弊社の商品は、御社の売上と利益を10％伸ばすことが出来ることである。

消費者の利益は、消費者にどんな利用価値や効用価値があるかを述べたものである。

③証拠は、セリングポイント（特徴、利点）と、ベネフィティングポイント（顧客の利益）を裏付けるもの

商品を説明する時に、裏付けるもの（証拠）をしっかりと把握しておくことである。裏付けがない商品を扱うと、感性に頼ることになり、危うくなる。

<表203＞商品作戦シート

対象	セリングポイント		ベネフィティングポイント	証拠
	特徴	利点（特長）	顧客の利益	
バイヤーに対して				
消費者に対して				

2．何を売るか

　液体洗剤を例にとって、セリングポイントを成り立たせている特徴（成分、効能）と、利点（特長）を図示しておく。

<図201>セリングポイントの例

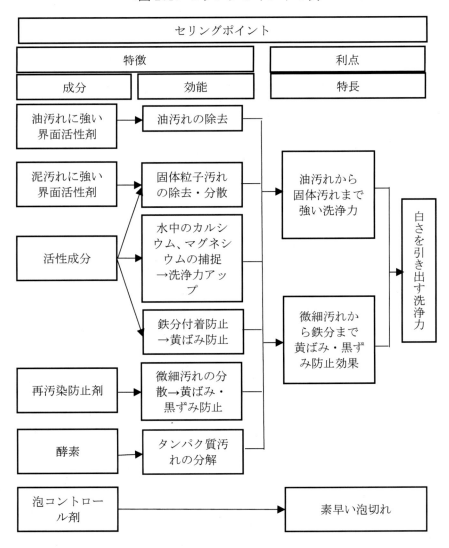

3．商談技術の考え方／基本は企業理念にある

(1) 企業理念とお客に対する考え方

「企業理念」は、会社の根源的な価値を体現するものである。企業の未来を示す羅針盤である。企業理念は、社員に、会社と同じ価値判断をする基準を持たせ、行動の判断基準になる。営業員は、会社の企業理念をよくよく理解しておくことである。

企業理念の次に大事なことは、「お客に対する考え方」である。お客は、本来、賢明であり、騙せるものではないこと[17]、を得心していることである。お客の要望に一つ一つ応え、評価を積み上げていくことである。それが会社を繁栄させていく道である。

(2) 商談の経験則

商談は、「企業理念」と「お客に対する考え方」を土台にしている。商談は、企業理念を実現していく実務である。

商談技術を向上させるには、営業員の商談時の行動選択を方向付けしている「商談の経験則15」を理解しておくことである。
①お客とのコミュニケーションの難しさを意識する
②商談を主導する
③最初の反対を歓迎する
④反対の理由を訊きだす。何が問題なのかコンサルタント役を果す
⑤あらゆる手段を使って、お客を商談に参加させる
⑥お客に自分の問題を打ち明けさせる
⑦お客と営業員の共通目標、共通問題を作り出す
⑧お客にとって利益になることや必要を中心に商談を展開する

⑨ヒント・情報・叩き台のアイデアを提供して、お客から問題解決アイデアを引き出す
⑩商談は、必ず一か所以上の山場を作る
⑪お客が知らないことにつけ込んで、売り込まない
⑫ウソ・誇張・曖昧なことは、言わない
⑬「検討しておく」と言われて、簡単に引き下がらない
⑭取引条件を譲歩しない
⑮しばしば決定を促す

4．コミュニケーションの難しさ

(1) コミュニケーション力

「商談の経験則」の中でも、①お客とのコミュニケーションの難しさを意識することと、②商談を主導することが特に重要である。営業において不可欠なのが、相手との信頼関係を築いていくコミュニケーションである[3]。

①雑談力

人に会う前に10秒間ジャンプ等をして、自分の身体を温めておくと、第一声が明るい声になり、爽やかな話を切り出せる。

面会のはじめに必要になるのが、雑談力である。雑談とは、お互いにほぐれた関係になることである。また、「気心が知れ合う」ということである。この人は常識があるとか、価値観が合いそうとか、相手からいい人と判断され、お互いに意気投合できるかどうかである。初対面であればなおのこと、30秒で相手と打ち解けるかどうかである。

日本には相手のことを気遣い、思いやりながらコミュニケーション

を取り、関係を築くという良き伝統がある[21]。特に面白い話ができなくてもよく、相手の好きなものに共感するとよい。それが信頼を得る端的な道である。自分の情報を開示しながら、共通の文脈から相手との接点を見つけに行くことが効果的な雑談のコツである。

②用件の切り出しと話す力

雑談等で打ち解けた後は、用件を切り出す。

商談は、お客をその場で説得し、話す力が必要である。話すコツは、要約する力である。日本には「七五三」と言われる、要点を七つ、五つ、若しくは三つの項目にまとめるやり方がある。要点が三つであれば、15秒で伝えることである。又は、起承転結にして四つにまとめることである。

③聞く力

商品説明の後、大事なことは、相手の事情を聞く力である。相手が反対する理由、疑問に思っていることや、商品説明で引っかかっていることを聞き出すことである。

聞く力とは、お客に選択肢を用意する力でもある。例えば、「価格が気になりますか。本体価格ですか。サービス価格ですか」「確かに他社よりはちょっと高目ですが、どの点でしょうか」という具合に、選択肢を交えた質問をすると、相手の感情を解きほぐし、発言を促す。

聞くことは、受動的のように見えるが、自分からアプローチをかけて相手が応えるのであるから「積極的な受動性」と言える。

(2) コミュニケーションの難しさを意識する

伝える側と受け手とは、お互いにどのようなことに注意を払うとよいのだろうか。

4．コミュニケーションの難しさ

①何が、コミュニケーションを難しくしているのか
・売り込む側と、買う側という立場の違いがある。
・一回の伝達で、内容が20％ぼけてしまう。
・人の感情は、一定ではない。

②伝える側の注意事項

A. 力強く短いセンテンスで話す

　例えば、夏目漱石の「草枕」の冒頭である。「山道を登りながらこう考えた。知に働けば角が立つ。情に棹させば流される。意地を通せば窮屈だ」短い文章で書き出しが始まっている。

　話す時も、リズムとテンポの良さを見習いたい。

B. 専門用語や業界用語の扱い

　自分だけに分かっている専門用語、業界用語、流行語や外国語等を使うことで、独りよがりにならないようにする。

C. 言葉で絵を描く

　自分が話している内容が、相手の頭に入るように、言葉で絵を描きながら話す。アナウンサーが、野球や相撲のラジオ実況中継の時のことを思い出そう。状況がありありと描き出されるように伝えられている。バイヤーに商品の良さを伝える時にも、使用後の満足感や便利さをいかに伝えるかである。

D. 演出を考える

　エルマ・ホイラーが「花を持って語れ」と言っている[6]。営業員が「花を語る」とは、商品の特長を、証拠を持って話すことである。

③受け手の留意点

　コミュニケーションする時、伝える側が一方的に話すわけではなく、伝える側が受け手にもなる。伝える側が受け手になった時に大事なこ

とは、次の点である。
A. 相槌
　興味を持っていることを表すために、相槌を打つ、合いの手を入れる。相手の話を要約する、反復する等を工夫してみる。
B. 質問をする。
　簡単に分かろうとしないで、分からない点を聞く。
C. 相手の立場を理解する。

(3) NHK式7つのルール
　伝える側の代表例としては、NHK式7つのルールがある[2]。このルールの良い点は、ルールが数値化されていることである。これによって、NHK内の部門が違う人同士が連係プレーできる。また、このルールは、一般的に言えば、コミュニケーションを行う時に、伝える側が話す時の目安の数値になる。
第1ルール：話す目的をハッキリさせる
　「誰に」「何を」「なぜ今」「なぜあなたが」という問いに答える。
第2ルール：「13文字以内」でタイトルをつける
　テレビ画面の横幅に入る文字数は13文字以内である。
　タイトルは、話を分かりやすくする。話始めにタイトルを口にすると自然と結論が伝わるようになる。
第3ルール：結論は「最初の15秒」でいう
　どんなに難しい内容のニュースでも最初の15秒で結論を伝える。
第4ルール：「一文50文字以内」にする
　一文が50字以内の文章は、伝えたいことが明確で力強い印象を与える。

第5ルール：「4つの抑揚」で強調する
　「ゆっくり」「大きく」「前後の間」「高さを上げる」の4つを使って、特に伝えたい言葉が目立つように抑揚をつける。
第6ルール：「1分300文字」でゆっくり話す
　「1分300文字は、相手に一番伝わりやすい理想の速度である。
第7ルール：独り言から入る
　現場では、話始めの一言を「入りの一言」と呼ぶ。五感を使った独り言で話す利点は、聞き手があなたの話を、好感を持って聞いてくれるようになることである。

5．プレゼンテーションをどのように行うか

　プレゼンテーションは、お客と商談を進めたり、社内で新商品や新事業を提案したりする際に欠かせない行為である。プレゼンテーションが成功し、相手がこちらの考えに共感し、行動に移すと、お客との間で契約が成立する。また、社内では提案が認められる。

1）プレゼンテーションの視点

(1)プレゼンの相手を知る[12]
①相手がどんな状況で、プレゼンに何を期待しているかを掴む。
②聞き手の肩書や経歴（在籍した部署、担当した仕事）等から、テーマに関する理解度を把握する。プレゼンで強調するポイントが見えてきやすい。

(2)テーマについて調査する
①事実、背景、データなどを調べる。
②自分の考えとは反対の見方や根拠、データを集めておけば、当日に急に質問されたり、反論されたりしても慌てずに対応できる。

(3)プレゼンの内容と構成を考える
①結論→根拠→具体例→要約という順に展開するのが基本である。
②最初に結論を示してから、根拠を説明すると、頭に入りやすい。
③冒頭で相手を引き込む事実を提示したり、問題提起をしたりすることもある。冒頭は聞き手の集中力が高く、興味を持たせることができれば、プレゼンに引き込めるためである。
④具体例を加えれば、内容を身近に感じられる効果が期待できる。
・スライドや資料のタイトルは具体的にする。
・用意するスライドは枚数が少ない方が良い。
・発表時間は1枚につき2分が目安である。
⑤最後に、伝えたいことを要約して繰り返すと、相手に印象に残る。

(4)プレゼンの内容を整理する時
　プレゼンを練る時に、考えをまとめるには、内容を図解してイメージできるようにすると効果的である[15]。
①戦略を立てるには、3段階の戦略図を作る
　3段階とは、「上位目的」－「戦略目的」－「手段」である。
　「上位目的」を基に、戦略を目的＋手段と定義して、「戦略目的」と「手段」の組み合わせと考えると3段階になる。
　具体的には、次のように考える。

・最初に、目的を明確にする。
　目的を設定してから、それを達成するために手段を考える。目的が曖昧だと、良い手段が浮かばない。周囲への説得力にも欠ける。
・次に、目的は、二つに分ける。
　一つ目の目的は、「上位目的」である。例えば、売上向上、利益向上など、ビジネスをする上で、前提になっている目的である。
　二つ目の目的は、「戦略目的」である。戦略目的は、上位目的を達成するためになすべきことである。上位目的が売上向上であれば、戦略目標は新規顧客を増やすこと等である。
・「手段」は、戦略目的を達成するための具体的な施策である。
②根本原因（真因）を突き止めるには、フローで考えてみる
・フローとは、「問題」が起きた「原因」を考える。原因の「根本原因（真因）」を一連の流れとして考えることである。
・「問題」があったら、それを紙に書いて丸で囲む。考えられる原因をどんどん書き出す。
・因果関係のあるものを矢印でつなげる。書き出した言葉や文章を眺め、因果関係のあるものを矢印でつなげる。
・矢印の源流にあるものが、問題の「根本原因（真因）」である。
　これが明らかになれば、解決策も思いつきやすくなる。
③その他の図の活用
・ツリー図（階層構造図）
　検討事項を階層的に並べて直線でつなぎ、構造で表す。必要事項について漏れやダブリがない状態を確認できる。
・集合関係図
　明確に分離しにくい事項を、重なる円によって位置付ける。重なり

合う事項相互の関係性を把握できる。
・マトリクス
　検討事項を「行」と「列」の2軸によって整理する。2つの方向から光を当てることにより、状況の把握や分析が明確にできる。

(5) プレゼンする
＜聞きやすくするには＞
①盛り込む文章や図表は、できるだけ簡潔にする。
　文章が多いと、話し手は一言一句読み上げたくなる。聞き手も何が要点なのかわかりにくくなる。
②「あのー」「えー」など、理解を妨げる言葉は控える。
③語尾は、はっきりと言い切る。
④貧乏ゆすりなど体の癖はやめ、目は泳がせないようにする。
＜関心を引くには＞
①間と抑揚を使いこなす。
　キーワードを言う前に2～3秒、言った後に1秒程度、間をとると強く印象に残る。
　抑揚をつけるのも有効である。興味を引きたい箇所では声のトーンを高くしたり、低くしたりする。大事な箇所はゆっくり話す。自分で大げさだと感じるぐらいが、聞き手にとってはちょうど良い。
②ジェスチャーやアイコンタクトを有効に使う。
　相手の目を見ると聞き手は話しかけられていると実感できる。時間は1人につき数秒から5秒程度が目安である。
③プレゼンを始める時と終わる時に参加者全員を見回す。
　説明中は会場の中央、右、左とみていく。会場が広い時は視線でM

の字や 8 の字を描くようにするとよい。

「プレゼンテーション」の演習

①プレゼンのビデオ撮影

　プレゼンテーションの訓練には、自分自身のプレゼンの姿をビデオ撮影して録画するのが有効である。

　まず、録画するに当り、プレゼンをするシナリオを作る。

　次に、それに基づきプレゼンをしてみる。

　ビデオ録画は、スマホでも十分である。

②自分のプレゼンを振り返る

　自分のプレゼンする姿を見ながら、どうすればよいのか、何が足りないのかを認識することである。ビデオを見ることで、あたかも他人の目を通した自分を見ることができ、自分の癖を発見できる。

　プレゼン時に同席した上司や同僚に感想や改善点を聞く。例えば、ところどころ早口になっていて聞き取りにくかった等の話が聞けると、改善点が見つかり、次回以降に生かせる。

2）TEDトークで聞くプレゼンの極意

　TED（テド、Technology Entertainment Design）は、ニューヨーク市に本部がある非営利団体である。TED トーク（TEDTalks）は、ネットを通じて行なわれている動画の無料配信プロジェクトである。2015年6月時点で2000本を超える動画を公開している。講演者には著名な人物も多い。ジェームズ・ワトソン（DNA 二重螺旋構造の共同発見者）、ビル・クリントン（元米国大統領）、ジミー・ウェールズ（ウィキペ

ディアの共同創設者）といった人物がプレゼンテーションを行なっている。

　TEDトークが、なぜ人を感動させるのか。TEDトークのプレゼンを成功させる秘訣は何か。カリア氏によると、聞き手の心を動かすプレゼンは、次の点にあると言っている[13]。

(1)紹介時に信頼を築く

　「第一印象が大切」とは、よく耳にする。それにしても、多くの人が気付いていないことがある。それは、「第一印象が全てだ」ということである。これをプレゼンの観点から考えてみる。聞き手に紹介される時に、悪い印象を与えると、プレゼンを始める前から失敗が決まってしまう。良い紹介をしてもらえると、聞き手は、期待感を持って話に耳を傾ける。

　従って、プレゼンの成功には、紹介時の印象が大切だ。成功の下地を作るような紹介をしてもらえるようにする。できたら、自分自身で紹介文を用意して、紹介者に渡すことである。

(2)聞き手の心をつかむ導入部

　人は、話の最初の方を覚えている傾向が強い。そのために、プレゼンでは、導入部が特に大切になる。導入部は、「聞き手との距離を縮める」「プレゼンへの期待を高める」といった役割がある。導入部は、結びの部分と並んで、重要である。だから、何度も推敲しなければならない。

　導入部で避けるべきことは、次の点である。

①自分の話で始めることを止める

　次のようなプレゼンを聞いたことがないだろうか。「この場にお招き

いただき、お礼申し上げます。私は〇〇会社の××です。我が社は設立して150年になります。云々」 組織の歴史を語られた聞き手は、ワクワクするだろうか。導入部では、聞き手のためにあなたが解決できる問題や、提供できるメリットを伝える。

②ジョークで始めることを止める

　冒頭のジョークはやめた方が良い。ジョーク本などで見つけたジョークを言うと、独創性がないという烙印を押される。

　聞き手を笑わせたいなら、主張に関連する愉快なストーリーで初めてはどうだろうか。ストーリーが効果的なのは、あなた自身の物語であり、聞き手が初めて聞くものだからである。

(3)詳細を語る

　イソップ寓話の中には心に残る話がある。「ウサギとカメ」「キツネとブドウの房」等。なぜ心に残るのか。理由の1つは、描写が具体的で、物語の場面が生き生きと描かれていることである。そうした細かなことが、物語を忘れられないものにする。

　具体性のあるプレゼンをするには、まず、細部を伝えるのがコツである。曖昧な概念は簡単に忘れ去られるが、細部を伴う具体的なアイデアは心に残る。

　「2014年3月27日の朝、目を覚ますと、私は脳障害を起こしていた」と、「数年前のある朝、目を覚ますと、私は脳障害を起こしていた」とを比べてみよう。前者が、どれほど迫力ある表現かわかるだろうか。「数年前に」ではなく、「2014年に」又は「4年前に」と言うべきだ。記憶に残るプレゼンをするには、詳細なことを具体的に述べ、聞き手の頭の中に情景やイメージを浮かび上がるようにしよう。

(4) 統計値を用いて聞き手の関心をつかむ

　聞き手に耳を傾けてもらうには、衝撃的な事実を述べるのが効果的だ。例えば、J. オリバーは「残念ながら、これから話をする 18 分の間に、4 人のアメリカ人が死にます。食べたものが原因で」と話した。この統計値が効果的なのは、聞き手と関連付けられているからだ。「1 年間に 11 万 7000 人のアメリカ人が、食が原因で死亡している」と言うのではなく、聞き手が理解しやすい数字へと変えているからだ。

　1 年間というのは長い。そこで、話し手であるオリバーは、自分が話す 18 分間に換算した。そうやって死亡者の数を強調すると、事態はより深刻であるように思える。聴衆は、こうして座っている間にも死んでいく人がいることを意識するからだ。

　数字があまりに大きいと、聞き手は共感できずに、無関心になってしまう。4 人という数字であれば想像しやすいので、解決策が見つかるのではないかと希望を抱くことができる。

(5) 修辞疑問を活用する

　修辞疑問は、肯定疑問文で強意の否定を表す技法である。例えば、Who knows？（誰が知ろうか）である。修辞疑問は、聞き手の感情を動かすのに大きな力を発揮し、聞き手の心を動かす効果的な手法である。質問によって、聞き手は自分を顧みる。問を与えられた聞き手は、想像し、考え、比較する。それが、スピーチと聞き手の人生につながりを築くことになる。例えば、集中力に関するスピーチをする時は、次のように問いかけてみる。

　「想像してみてください。やるべきことに 100％集中出来たら、あなたの人生はどう変わりますか。どれほど多くのことを達成できます

か。どのような目標に到達することができるでしょうか」

修辞疑問によって聞き手に自分のことを考えさせると、感情的な反応が生まれる。

修辞疑問は、聞き手に2つの事物を比べてもらう時にも使える。その好例が、ロナルド・レーガンが1980年の大統領選の時に行ったスピーチである。「自分自身に尋ねてみてください。

4年前よりも暮らしが楽になっているだろうか。

4年前よりも店で買い物がしやすくなっているだろうか。

4年前と比べて失業率は増えているのか、減っているのか。

4年前と同じようにアメリカは世界から尊敬されているだろうか」

この問いが、「今日よりも4年前の方が、暮らしが楽でした」というよりも、大きく感情を揺さぶることに気付く。意見を述べても、右の耳から左の耳へと通り抜けていってしまう。聞き手に現在の生活を考えさせ、4年前と比較して、暮らしは楽になっていない、という結論を出させようとしている。レーガンに結論を突き付けられるのではなく、自らその結論を出した聞き手は、彼の主張をより強く支持するようになる。

(6) パワーフレーズを繰り返す

プレゼンが終わった時、聞き手は内容の20％を忘れる。翌日には50％を忘れる。プレゼンが記憶に残るようにするにはどうすればよいだろうか。コアメッセージを心に残るフレーズにし、プレゼンの間に繰り返せば、聞き手はそれを覚える。そのフレーズをパワーフレーズという。パワーフレーズは10語（日本語だと50字程度）以内に収める。心に残るパワーフレーズを作るためのテクニックを、いくつか紹

介する。
①対比：2つの異なるものを並べて、記憶に残るフレーズにする。
　「私たちが最も怖れるのは、自分の闇ではなく、光である」
②交差対句法：関連する2つの節の構造を反転させる。
　「国があなたの為に何ができるかを問うのではなく、あなたが国のために何ができるかを問うのです」
③押韻：韻を踏んだ言葉は覚えやすい。
　What the mind of man can conceive
　and believe,
　it can achieve.
「心に思い描き、信じられることは、全て実現できる」

(7)説得力のある結論部
　プレゼンの結論部は、導入部と同じように大事である。なぜなら、聞き手はあなたが最後に言ったことを記憶に留めるからだ。結論部を説得力のある、心に残るものにするためには、「結論部に入る」というシグナルを発すると良い。「結論として」という言葉が発せられると、終わりに近づいているというシグナルが、その言葉によって伝わるからだ。「ではまとめてみましょう」「要するに」といったフレーズでもいい。

3）プレゼンでストーリーを語る

(1)サブウェイが売上を 2 割伸ばした手法

　1999 年 11 月、メンズヘルス誌に大学生ジャレド・フォーグルに関する記事が、掲載された。記事によると、ジャレドは、サブウェイ・ダイエット（サブウェイのサンドイッチだけを食べること）によって、90kg 以上体重を落としたとある。

　当時、サブウェイは、「7 アンダー6」（脂肪分を 6g しか含まないサンドイッチが 7 種類ある）というキャンペーンを行っていた。この記事を読んだサブウェイの経営陣は、「7 アンダー6」というキャンペーンをやめ、代わりにジャレドの話を広めた。

　結果はどうだったか。「サブウェイの男ジャレド」を CM に使い始めた直後、売上が 20％伸びた。

　ジャレドのストーリーは、なぜ人気になったのだろう。ストーリーは、数字よりも説得力があるというのが、答えだ。

　「7 アンダー6」のキャンペーンは数字であり、情報は伝わる。しかし、私たちの気持をとらえることは難しいし、好奇心を駆り立てない。ところが、ジャレドのストーリーには、心を動かされてしまう。自分が肥満という問題を抱えていなくても、人として彼に共感する。「すごい！一体どうやってそんなに減量できたのだろうか」と興味を抱く。だから、ジャレドのストーリーに夢中になる。

　ストーリーは、コミュニケーションに使える効果的なツールだ。感情的なつながりを築き、記憶に残る。なぜなら、心の中にイメージを浮かび上がらせるからだ。コミュニケーションを上手く行うには、ストーリーを活用することだ。

(2) ストーリーの力

　マーケット・リサーチャーのジェイソンは、新米リサーチャーにマーケティング調査について講義をしている。テーマは、マーケット調査を着手する前に、目的をはっきりさせておくことの重要性である。これに関連して、彼は、学生時代にある教授の講義で聞かされた次の話をした[14]。

　学生達が、一風変わった研究に参加した。課題は、地方裁判所の判事の依頼で、「陪審員が評決を下すまでのプロセスを調査し、その改善策を提案しなさい」ということであった。学生達は、判事、弁護士、陪審員経験者らにインタビューを行い、「陪審員の男女比はどれくらいか」「陪審員の人種や民族はどのような割合か」等々の質問をした。

　蓋を開けてみると、質問をした事項は大した問題ではなかった。むしろ、問題のカギを握っているのは、「テーブルの形」であった。テーブルが長方形の場合、その端に座る陪審員が話し合いの仕切り役になる傾向があった。そのため、他の陪審員は自分の意見をなかなか言えなかった。一方、テーブルが円形か楕円形の場合、陪審員達はより平等に、活発に話し合えた。

　そこで学生達は、次の結論を出した。「最も的確かつ公平な評決を下すことができるのは、円卓を囲んで審議した陪審員達である」

　彼らは胸を張り、判事にそれを報告した。すると、判事は全裁判所にこう命じた。「陪審員室にある円形又は楕円形のテーブルを全て撤去し、代わりに長方形のテーブルを置くこと」

　学生達の結論とは反対であった。

　なぜか。「評決を下すプロセスを改善する」という判事の目的は、より活発で、より公平な評決を下すことではなかった。判事の目的は、

「審議をさっさと終える」ことだった。つまり、裁判に遅れが出ている状況を改善したかったのだ。当然、学生達は、屈辱的な思いを味わった。

　この事例は、調査目的を明確に把握していなかった場合の気分を、聞き手が実際に経験したかのように伝えられている。経験は、最高の教師である。だが、人はあらゆる経験を積めるわけではない。だからこそ、人の心に訴えかけるストーリーが有効なのだ。

(3)ストーリーに効果がある理由
　なぜストーリーには効果があるのだろうか。その理由として、次の点が挙げられる。
①人から人へと広がりやすい
　ストーリーテラー本人が、それ以上努力しなくても、ストーリーは野火のように勢いよく広がっていく。
②覚えやすい
　心理学者によれば、物語の一部に組み込まれると、事実は20倍以上覚えやすくなる。また、長く記憶に残る。
③聞き手を自然と学ぶ気持ちにさせる
　批判的な聞き手は、言われたことを拒絶しがちだ。だが、ストーリーを語り始めると態度が変わる。聞き手は、ペンを置き、じっくりと話に聞き入る。
④聞き手に敬意を示すことができる
　こう考えろ、こう動けと命じなくても、ストーリーはメッセージを伝えられる。「〇〇しなさい」と命令せずにすべきことを伝えたいなら、すべきことをうまく織り込んだストーリーを話せばよい。

第2章　商談技術

(4) ストーリーの活用例
①意欲、関心を引き出す

　次に書いているストーリーの教訓は、組織の目標全体と自分の仕事がどう関わっているかを把握していれば、仕事の質を上げることができることである。そして、同僚や部下にも良いアドバイスができるということだ。

　このストーリーは、新たな目標や戦略を発表する会合で話すと効果的だ。ビジョンや計画にじっくり耳を傾け、内容を把握し、それらを自分のものにすることの重要性を伝えられるからだ。

　ある朝、1人の女性が散歩に出かけた。建設現場で3人の男に出会った。

　女性はそのうちの1人に、何をしているのかを尋ねた。迷惑そうに、その男は「レンガを並べているのだ」と怒鳴った。

　彼女は、その横にいる男にも同じことを尋ねた。すると、彼は淡々と説明した。「高さ5mのレンガの壁を作っている」そう言うと、彼は一人目の男を見ていった。「壁の端のレンガが飛び出しているぞ。やり直せ」

　女性は3番目の男にも同じ質問をした。彼は、「立派な大聖堂を建てている」と答えた。その時、他の2人の言い争う声が大きくなった。わずかに飛び出したレンガをどうするかで口論している。

　すると、3番目の男が言った。「揉めるなよ。そこは内側の壁の角になって、最後には全体に漆喰が塗られるから、外からは見えなくなる。さっさと、次の段に移ろう」

②価値観を作り上げる

　大型スーパーマーケットのチェーン店を展開する会社が、新たにCEOを迎えた。新CEOは、「顧客第一主義」を強く信奉していた。この理念を駐車場の利用法にも反映することにした。当時、駐車場のどこに止めるかは、職位を基に決められていた。管理職はスーパーの正面入り口近くに、平社員は最も遠いところに駐車していた。

　だが、新たな方針では、入口近くは顧客のために空けておくことにした。そのため、管理職も、遠いところに駐車することになった。

　新CEOは、ほどなく各店舗の視察を始めた。ある店に着いた時だった。たまたま、ひどい土砂降りになった。新CEOはあいにく傘を持ち合わせていなかった。遠いところに駐車するか、便宜的に入口近くに駐車するか、従業員達は、新CEOがどこに駐車するか固唾を飲んで見守っていた。新CEOは、土砂降りの中をずぶ濡れになりながら、店内に駆け込んで来た。そして、店内で販売しているスーツを購入して着替えた。体形にちょっと合っていず、だぶついていた。従業員は、新CEOの姿を見て、笑いをこらえることができなかった。

　この話は、瞬く間に、全社に広がった。聞き手の笑いを誘った。誰もが、新CEOが顧客第一主義を貫き通した事実を見て取った。いくら休憩室に「お客様が第一です」という標語を貼り付けても、その通りの評判を得られるわけではない。だが、このストーリーを従業員に伝えていけば、間違いなくそうなる。

　あらゆる会社が、企業理念を述べている。だが、我が社が、いくら価値観を尊重しますと述べても、それが事実かどうかわからない。困難な状況で立証されない限り、机上の空論である。組織で確固とした価値観を作り上げる際には、ストーリーが必要になる。

③ビジョンを描く

　将来像を生き生きと描くビジョンは、人を駆り立てる力がある。だからこそ、聞き手は行動を起こす気になる。ただ、ビジョンはともすれば高尚かつ大胆で、とても達成できない夢物語と受け取られる恐れがある。そんな時に役に立つストーリーがある。例えば、ノキアのストーリーである。ビジョン作りの任務が重要であること、そして我々の目標が達成可能であることを、チームに理解してもらうのに役立つ。

　2010年、スミス氏は、P社のあるチームを任されていた。チームの任務は、紙製品事業部の長期的な方向を提案することだった。10年後、20年後に、どんな紙製品を世界のどこで販売すべきかである。チームの目標は崇高だが、メンバーの意欲を引き出すのは困難だった。どんな結論を出したところで、自分が関わっている間に実現しないかもしれないからだ。そのため、この任務が会社には不可欠であり、報われる仕事であることを納得してもらわねばならない。そこで、スミス氏はメンバーに次の話をした。

　1856年、フレドリク・イデスタム社は、フィンランド南西部にパルプ工場を建てた。ほどなく、工場に製紙機械を投入した。当時の製紙会社の生産品は、新聞紙や書籍など、コミュニケーションの手段に利用されていた。当時の製紙業は、ある意味でコミュニケーション・ビジネスだった。

　1900年、同社はフィンランド最大の製紙会社になっていた。他に成長の機会はないかと、異業種への参入を虎視眈々と窺っていた。当時、電気が急速に普及し始めたので、同社は発電機を備え、地域の企業に電力の販売を開始した。

　1920年代、電話サービス事業が急成長を始めると、ケーブル業界に

参入し、さらに成長を遂げた。

その後も、同社は異業種への参入を続けた。

2010年には120ヵ国で事業を展開するまでになった。中核ビジネスは、変わることなくコミュニケーション関連である。今や、同社は市場のリーダーになっている。成長過程で様々な異業種への参入を選択していなかったら、同社は今も製紙会社だったであろう。

スミス氏は、メンバーに語り掛けた。今後も成長を続けるには、我が社も異業種へと進出していかねばならない。その際、ノキアのように戦略を練り、1つずつ階段を上がっていきたい。その第一歩を踏み出すに当り、諸君をこのチームのメンバーに選んだ。考えてもらいたい。会社員は、生涯働き続けたところで、ビジネスに影響を及ぼすことができるのは、せいぜい1，2年後の範囲だろう。我々が依頼されているのは、20年後の舵取りへの協力なのだ。

「やる気がある人は」と、スミス氏は尋ねた。全員の手が上がり、我々は仕事にとりかかった。

(5)ストーリーをどこで探せばいいか
①身近で起こったストーリー

素晴らしいストーリーは、日々、あなたの身近で起きている。あなたは、それがストーリーとは思っていないだけだ。こう自問しよう。今の体験で、自分が予想外の教訓を学んでいるか。答えがイエスなら、良いストーリーになり得る。

これまでの仕事で大きな成功を収めた時のことや、大きな失敗をした時のことを思い出す。失敗談は教訓を授ける最も良いストーリーの一つだ。

第2章　商談技術

②ストーリーの保管場所
　ストーリーは、パソコンにファイルとして保管しておく。ファイルにまとめる際に、ストーリーにタイトルをつけてリストする。そのストーリーがどんな状況で有効か、説明を付けておくと便利だ。こうしておけば、いつでも必要に応じて、タイトル、題材、登場人物の名前などで検索できる。

6．商談のステップはこうありたい

　商談は、お客の良き相談相手となって、買う気を起こさせる技術である。これをコンサルティング・セールスともいう。そのためには、商談技術は、営業員がお客の問題や心理の流れを読み取り、商談を主導できることである。

　また、商談は、プレゼンテーションの一種である。プレゼンテーションの項で書いたように、組み立ては「結論」から展開する。商談では、それは「用件を言う」ことである。目的に照らして、「用件を言う」を最初に言う過程は、次のような商談の展開を考えているからである。
①営業員がお客を訪問する目的は、お客に「何か」をしてもらうことである。例えば、お客に新製品の購入を決心してもらうこととしよう。
②そのために、営業員は、お客が新製品を購入するに当り、お客の個別事情を調査し、わからないことは質問して聞き出す。その上で、新製品のセリングポイントをお客の個別事情に訴えることである。
③そのために、営業員は、お客に面会した始めに、新製品を販売に来たこと、即ち、「用件」を明確にいう。

　商談が、プレゼンテーションと違う点は、お客の購入意向が明確ではなく、短時間に行われることが多い点である。しかし、プレゼンテーションの技術は、お客に用件を切り出す時や、本論を説明する時に役に立つ。

　次頁の「商談の基本構成」は、商談の流れの概略を示している。「商談の基本構成」に従って、次項で商談の構成を具体的に述べる。

第2章　商談技術

<表204>商談の基本構成

(1)事前	商談の目的と事前準備		
(2)用件の切り出し、お客の最初の反応	用件を言う「・・はいかがでしょうか」		
	①反対が出る「とおっしゃいますと・・」	②疑問や質問が出る	③興味や関心を示す
(3)お客の反対の個別事情ヒアリング	・反対の理由を訊く。　お客の状況や考え方を知る。「なるほど、そういう事情で・・なのですね。よくわかりました」 ・話題転換「ところで・・」 ↓ ・仕事環境、事業や商売、お客をほめる。 ↓ ・興味や関心を引き出す。 ・問題意識を引き出す。	・疑問や質問に明確に応える。 ・反対が出た時、その理由を訊き、真の反対の理由を探る。	・本論に入る。
(4)本論	「その点ですが・・」 個別事情に合わせたセリングポイントを訴える。 「・・いかがでしょうか」 疑問や質問に明確に応える。		
(5)締結	テストクロージング クロージング		

1）商談の目的と事前準備

　まず、商談目的を設定する。
　次に、商談の事前準備である。
・お客に関する予備知識を持つ。
・お客の事情に応じた商談計画を練る。
・販売用具、データや情報、心の準備等を十分にする。

　(1)ジャック・ニクラウス氏との質疑にみる目的と準備
　結果がはっきりと出るという点で、ビジネスとスポーツはよく似ている。パフォーマンスが、スキルだけでなく、心の状態によって、左右されることも、ビジネスとスポーツは同じである。
　ゴルフのトップ・プロであったジャック・ニクラウス氏が、目的と準備について語っていることを聞いてみよう。
質問①：トップ・プロとしてやってこられて、最も大切だと思うことは何ですか。
ニクラウス：「楽しむ」ということが全てだと思います。
　そのためには、強い競争心が必要です。競争心を持つことは、勝つ可能性を持っていることです。だからこそ楽しめるのです。人は、楽しむことができる限り進歩するものです。
質問②：ニクラウスさんをめざす若者にどんなことをアドバイスされますか。
ニクラウス：まず、「目的」をはっきり定めることです。
　それに向かって一所懸命に頑張る。存分に楽しむことです。

第2章　商談技術

質問③：大きな試合で、プレッシャーをはねのける秘訣を教えてもらいませんか。
ニクラウス：万全の「準備」をすることです。

　私は、驚くことが嫌いです。内緒のパーティとか、突然の来客とか、普通だったら楽しいことでも、ゴルフの試合や他の予定がある時にされるのは嫌です。

　これは、試合で優勝を狙う時でも、同じです。万全の備え（準備）をしておくことです。自分の能力を最大限に発揮できるという確信を持っていたいのです。

　水泳の北島選手（オリンピック金メダリスト）は、ゴールにタッチし、優勝した瞬間をイメージすることから、練習計画を作り上げたという。

　商談でどのような「目的」を設定しているだろうか。

　目的に向かって、どのような「準備」をしているだろうか。商談で万全の準備とは何であろうか。「2. 何を売っているか」の3項目（会社、自分自身、商品。50頁〜55頁）を思い出してみよう。

(2) 準備としての心の予行演習

　商談の前に行うことを取り上げる。これは、商談前の心の予行演習であり、「1分間リハーサル」の物語である。商談の重要な点を思い描き、積極的な考え方をする物語である[9]。
A「セールスの前に普通は、何をなさいますか」
B「これから訪れる相手の会社や担当者について何かを知ろうとします」
A「それは非常に大切な、しかも有益なことです。それでは、相手の方

と面と向かって話をされる直前の1分間には、何を考えていらっしゃいますか」
B「よくすることは、これからする話し合いの中で出てきそうな反対や反論されそうなこととか、物事がまずくいった場合のこと等です」
A「そういうことを考えている時は、心の中でこれから起こりそうなことを、事前に描いているわけです。しかも、どの点がうまくいかないかを考えていることになります。

　かつての私が、教授会や講義の前に、心に思っていたことでした。十分な準備をしておかなければと思いつつも、がっかりすることばかりを考えていました。

　ですが、今では、何かをする前には、必ず1分間かけて、全ての出会いと、話し合いが始めから終わりまでスムーズにいくことを、心の中で描き出してみることにしています。このことを1分間リハーサルと呼んでいます。」
B「たった1分間で、全てを描き出すと言われるのですか。」
A「そうです。全ての大事な部分を思い描いています。自分が行う1分間リハーサルが、心楽しく積極的なものであればあるほど、その成功は確実なものになります。事実、私が成功した時は、その成功を創り出した積極的な考え方を主体的に使いこなしている時です。」

(3) お客の予備知識
　お客の予備知識として、オープン（118頁）になっている会社情報を集める。現在は、ネットで自社紹介をしている会社がほとんどである。
　お客の基礎データを自社の事例（「1」会社」50頁や「自己診断表」

51頁参照）に倣って、書き出してみる。

　客先の組織、人事、キーマンや担当者の情報収集は、オープンになっていないことが多く、難しい点がある。まず、同僚や上司から聞いてみる。名刺を整理してみる。新聞や雑誌等に人事辞令が掲載されているので継続的に収集しておく。

(4) 商談準備の例

　新製品をバイヤーに商談する時は、次の項目を準備する。

＜表205＞新製品の事前準備事項

①発売の狙い
②商品のセリングポイント（特徴と利点）
③キャッチフレーズ
④ターゲット（どういう客層を狙っているか）
⑤商品の使用法、使用時の注意点
⑥販売用具 　・レポート、パンフレット、セールスオーガナイザーシート 　・現品見本、供試品（サンプル）、販促物見本
⑦市場規模、売上予測
⑧発売日
⑨発売条件
⑩価格体系、店の利益
⑪単品サイズ、ケースサイズ、ケース入数、質量
⑫荷姿
⑬納入計画数（予約受注数）
⑭宣伝計画
⑮販促計画
⑯陳列の仕方（場所、フェイス、ディスプレイ）
⑰販促物
⑱競合ブランド

(5) 準備事項

　商談の場面毎に、準備事項を書き出して、その準備を怠らないことである。準備事項を客先毎に標準化しておく。準備をし尽くしているという自信が、商談に力を生む。

　客先毎には、次の通りである。

<表206>客先への準備事項

①商談日時と時間
②商品関連（前項の商談準備の例参照）
③売上関連（売上の3年間の履歴）
④利益関連（同上）
⑤価格関連
⑥自社及び店頭在庫
⑦回転率関連
⑧陳列スペース関連（棚割表参照）
⑨広告・販促サポート関連
⑩年間販売計画や販促企画書

第2章　商談技術

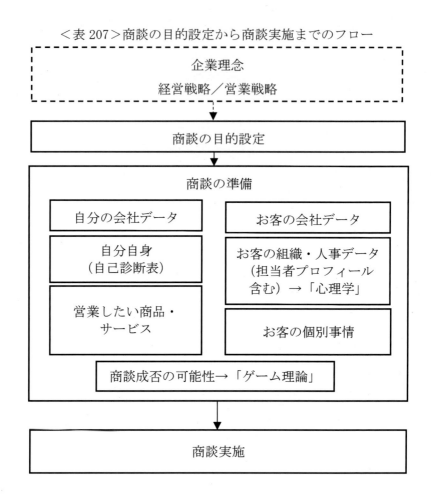

商談は、目的に沿って行う準備が8割である。上記フローの内「商談の準備」は、商談を実施するに当りデータ化できる項目である。今後ＡＩ（人工知能）化していく対象である。
　商談の目標設定や実施は、「人なら」こそできる。

2）用件の切り出し

(1)従来の商談パターン

　なぜ、用件を最初に切り出すのであろうか。従来からよくある商談パターンの反省からである。従来の商談パターンは、次の3つに代表される。いずれの場合でも、結局、用件を言わざるを得ない。お客が買わない事情（反対する理由）を聞かざるを得ない。

①議論型商談

　議論型商談スタイルとは、お客の反対に対して理由を訊かずに、売り込みを図り、あたかも議論をしているかのようになることである。イヤイヤ商談ともいう。強気の営業員によくあるタイプである。

　　用件→お客の反対→イヤ（反論）、セリングポイント
　　　　→お客の反対→イヤ（反論）、セリングポイント→
　　　　→お客の反対→イヤ（反論）、セリングポイント→

②紹介旁旁商談

　用件を切り出す前に、商品の紹介としてセリングポイントを言うタイプである。その後に、用件を切り出して、お客の反対に会う。

　　商品の紹介旁旁→セリングポイント→セリングポイント→
　　セリングポイント→用件→お客の反対→

③調査スタイル商談

　調査という名を借りて、質問を重ねていくタイプである。しびれを切らしたお客から「用件は何か」と問われることになる。例えば、お客から「あなたの本当の用件は何か」あるいは、「あなたの用件を先に説明して」という風になる。

　　調査やご意見伺い→質問→質問→質問→・・・→お客の逆質問

(2) なぜ用件を曖昧にするか

　用件を曖昧にするのは、なぜだろうか。

原因①　お客の断りが怖いから、言うべきことが率直に言えない。

　お客は、はれ物であり、うっかり強く推すと手痛い目に合うという姿勢が邪魔をする。断りという地雷が爆発するのを怖がる。

原因②　営業員が自分自身に自信を持てないため、言うべきことを率直に言えない。

・専門知識に自信がない。質問を突っ込まれたら困ってしまう。

・商談技術に自信がない。どう説き伏せたものかわからない。

・自分の会社に自信がない。とても会社を誇れない。

・自分の売るモノに自信がない。弱点のある商品なのは自分がよくわかっている。胸を張って進められない。

　売れる商品だけを販売するなら、営業員はいらない。どの商品も強みと弱みの二面性を持つ。営業員にはマイナーブランドを育成する責任がある。

・お客に対して自信がない。ライバルファンだ、苦手客だ、うるさい客だ等。

・自分自身に対して自信がない。自分は人に好感を持たれない、営業に向いていないかもしれない等のコンプレックスがある。

・状況の読みに対して自信がない。どう出れば、どうなるのか不安だ。

　こうした内面の弱み心理が働いて、おずおずとした用件の言動となって表れる。

原因③　営業員が不純な目的をもっているため、本来の正当な用件を率直に言えない。

・正当な用件では、必ずお客は難色を示し、商談は揉めるだろう。

小手先でその場を凌いでいった方が得策だ、という不純な動機に立つ。
・本当の事情が言いにくい、あるいは言えない。そこで、これを伏せたまま、他の点に注意を向けさせ、何とか丸め込もうという動機で、曖昧な用件やニセの要件を出していく。

(3) 切り出し
　客先での商談の第一歩は、第一声に自信の響きをもって挨拶をすることである（57頁）。自信をもって「用件を切り出す」ことである。これによって、お客の堅い口を開かせ、本音を知る。
①新規初回の時は、自社の紹介とＰＲを行うなどの自社説明をする。
　　次に、商談の用件に入る。
②継続取引の時は、次のような項目で商談を進める。
A. 挨拶をする。
B. 雑談をする（57頁）。
C. 用件を切り出す。
・新製品の販売であれば、新製品のセリングポイント等を展開する。
・販売用具等を使って、お客の五感（視・聴・味・臭・触）に訴える。
・実例で証拠立てる。
・販売金額や数量等の売上高や条件をいう。
・お客の導入のメリットをいう。
D. 用件の最後に「・・・はいかがでしょうか」という。

(4) お客の最初の反応
　お客の最初の反応には、「商談の基本構成」（80頁表204）にあるように、3タイプがある。

①反対が出る
②疑問や質問が出る
③興味や関心を示す
　お客の最初の反応が、
①反対が出る時は、「お客の反対の個別事情ヒアリング」を行い、「本論」に進む。
②や③の時は、お客が用件の内容を合意していると考えて、それぞれに対応したやり方で「本論」に進む。

3）お客の反対に対して個別事情ヒアリング

　「販売は断られた時に始まる」[8]と言われている。お客の断りは、ビジネスのスタートである。
(1) 反対の理由を訊く
　反対の理由を訊くのは、お客の口を開かせることにある。これによって、お客が反対する理由、お客の状況や考えを探る糸口になる。
　お客の反対を求める切り出し方としては、次のように言う。
「とおっしゃいますと」
　その上で、反対の理由を質問する。
　反対の理由は、お客の「個別事情」になり、個別事情を深く知れば知るほどお客の事情に応じた商談の組立がやり易くなる。お客のメリットが明確になる。本音の反対を引き出し、口実なのか真意なのかを見分ける。そのためには、質問を十分用意して、内情を深く探ることである。

＜質問の仕方＞
質問の仕方としては、次の点に着目する。
・満足している点、うまくいっている点から質問する。
　　（あら捜し質問はしない）
・具体的で関連した質問をする。
　　（並列質問はしない）
・当て馬質問をする。
　　（直接質問はしない）
また、合槌を上手に行い、コミュニケーションを図ることである。
　反対に関する質問が長引くと、お客によっては、鬱陶しく感じるお客がいる。その場を引き取るとよい。
　言い方としては、次の通りである。
「なるほど、そういう事情で、・・なのですね。よくわかりました」

(2) 話題転換
　反対の理由を訊くことが煮詰まって、論争になっては元も子もない。話題を変えることである。場つなぎであり、人間関係作りになる。何よりも更なる個別事情の情報収集になる。
　話題を変える言い方は、次のようにいう。
「ところで・・・」

(3) 「ところで」で、こなすこと
　こなす目的は、お客の気分を良くして、好意的な商談の雰囲気を作ることにある。アイス・ブレイク（堅苦しさを散るための言葉や行動）ともいう。

なぜ、こなしの場面で褒めるのかと言えば次のような考えによる。

褒めることによって、お客のニーズや本心が掴める。どこに興味関心があるかわかる。

人は、誰でも褒められたいものである（賞賛欲求）。特に、よく話すバイヤーや、知識をひけらかすバイヤーは褒められるのを待っている。「認めてくれる人はいい人だ」という感情を引き起こすことにある（承認欲求[16]）。

例えば、「相槌、うなずく」「おっしゃる通りです」「大変参考になります」「鋭いご指摘です。とても参考になります」「さすが、目の付け所が違います」という言い方がある。

話題としては、バイヤーの関心事に引っ掛けて話を始める。例えば
・関心のある市場の背景や有望性や特異性を聞く。
・お客の会社や店舗等の良い情報、仕事環境、お客の商売や事業の話
・バイヤーの喜ぶ個人的な事柄や趣味の話
・お客の拡大自我（会社や店、子供等）を褒める

個人的な話でイエスを積み重ねていき、ウンソウダ、ウンソウダというふうに持っていく（136頁）。これによって、お客の気持に接近し、興味や関心、問題意識における共鳴点を作る。但し、この段階では、自社商品の説明はしない。

(4) さそい

現状の問題点に気付かせ、問題意識を引き出す。

大事なことは、売る商品のセリングポイントとお客の個別事情とのつながりで、問題になる点を考えさせることである。お客へのメリットを理解してもらい、取り扱いたいという欲望を喚起する。「得の心理」

6．商談のステップはこうありたい

と「損の心理」を引き出す。なるべくお客に話をさせることである。
　留意点としては、次の通りである。
・一度にあれもこれもと興味をもたせない。
・あら探しをしない。
・押しつけとか売り込みを感じさせない。
　方法は、第三者の声を相手にヒントとして与える。言い方としては次の通りである。
「聞くところによりますと、」「よくこんな話を聞きますが・・・」
「一般的には・・・」「最近では・・・」
「・・・だそうですね」「・・・困っているそうですね」
　質問によって得られたお客の個別事情と、商品のセリングポイントとベネフィティングポイント（53頁〜54頁）の関係について考えてみる。お客の事情に応じた商談の原点はここにある。
　すべての商品に最適な訴求方法という万能薬はない。だから、商談時には、お客の事情毎に一つ一つ検討することである。
・今回発表する新製品は、どう売り込んだらいいのか。
・既存品だが、新しいターゲットを開拓したいのだが、どんな訴求が効果的かなど。
　個々の主題を定めて、事前に検討した上で作戦を立てることである。

4）本論の展開

(1)本論の展開と話し方

お客の問題を一緒に解決する姿勢で展開する。的を絞って山場を作り、お客の心を握る。

話し方としては、次の通りである。

「その点ですが・・・」と切り出す。

①新製品の販売用具を出して、展開する。

販売用具を使って、五感（視・聴・味・臭・触）に訴える。

お客の気持「どんなものかな？」「本当かな？」

②実例で証拠立てる。お客に安心感を持たせるためである。

お客の気持「でも、自分にとってどうなのか？」

③お客の個別事情に結びつけて、必要性を強調する。お客の利益（メリット）に焦点を当てる。セリングポイントを三つに絞って（「七五三」58頁）、お客のメリット計算を具体的に提示する。魅力的な売上高と粗利益高を提示されたバイヤーは、実現するために提案した具体策に賛成する傾向にある。

例①「儲かりますよ」vs「1ケース当り300円の利益になります」

例②「数量割引があります」vs「これだけ買っていただければ、1ケース当り40円の割引がつきます」

例③「過去の経験やテスト販売から考えますと、月間店舗当り売上高は30万円、粗利益高は6万円と予測されます」と述べて、バイヤーに売上高や粗利益高を実感させる。

例④「30万円の売上高を実現するには、店舗毎にフロア什器2台とハンガーディスプレーを3箇所の陳列が必要です」と説明する。

④解決案を提案する。

　売り方や店頭展開を提案する。その上で、お客に確信を与えるようにお願いする。そのためには、営業員であるあなたの熱意がお客に伝染し、自信が断言になり、反復して訴えることによって、お客に買っても良さそうだという確信を与える。
「いかがでしょうか」と迫る。

(2) 話し方で大事なこと
① 具体例を示して話す
A. 言葉のビジュアル化
　具体性を伴う説明ほど、人は説得されやすい。
　テスト販売の時の事例を、数値や店頭写真を見せて話す。
- どのような消費者（WHO）が、
- 何を（WHAT）、
- いくら位で（HOW MUCH）、
- 何処の売場で（WHERE）、
- どのような陳列で（HOW）、
- いつ（WHEN）、
- どのような理由で（WHY）購入したか

B. 言葉のビジュアル化の例
B1. 商品のサイズ
　「従来の商品より一回りも小さくなりました」vs「名刺位の大きさですから、ワイシャツのポケットに入ります」
B2. テレビコマーシャルの量
　「4000GRPの量のコマーシャルを投下します」vs「4000GRP即ち

10％視聴率の番組で400回CMを流す計算です」
B3. 新聞広告
　「○月○日の△△新聞に1面を使って広告を打ちます。この新聞は4百万部発行されており、約1千万人が目にすると予測されています」
C. 説得するには「信用を得るだけの証拠」が必要
　視覚物を用いて話すと、説得力が43％高くなるので、サンプルやカタログを多用する。
②サンプル商品を手に持って説明する時は丁寧に扱い価値を高める
・サンプル商品は、最初から商談机の上に置かない。机の上に置くと、バイヤーが勝手にサンプル商品を手に取り、商談が乱される。
・サンプル商品は、営業員がパッケージを開けて、しっかり手に持って、丁寧に扱う。
・サンプル商品は、一番良い状態で、お客に渡す。
・サンプル商品をお客に手渡し、必ずお客に触れてもらう。においを嗅いでもらう。人は触らせると興味を持つ。好奇心を持つと触るという行動をする。
③強烈な印象として残る修辞（レトリック）や手法を利用
・修辞の例
　　「きれいなお肌の人」vs「雪のようにきれいなお肌の人」
　　「さっぱりした性格」vs「竹を割ったような性格」
　　「美しい夜景」vs「100万ドルの夜景」
　　「目新しい商品」vs「業界初の目新しい商品」
・デッドラインテクニック（限界の強調）の活用
　「この商品は72,000軒のドラッグストアの内、わずか4％の3000軒だけでご販売いただきます。是非、御社には、そこに入って頂きた

いのです」
・マイナスの事柄も話すと、プラス面が引き立つ
　順序はマイナス面を先に話し、プラス面を後にする（親近効果）。
　正直に話してくれているという信頼や売りたいだけでなく当社の
　こともきちんと考えてくれているという印象を与える。
・キーワードを繰り返す
　3度繰り返すことで、相手に印象付ける。
④有利な数字を使う
　営業に嘘はダメである。魅力的に聞こえるように言い換えることはできる。
・数字は信用を高め、説得力を高める。
　「ビタミンCがたくさん入っている」vs「レモン1000個分のビタミンCが入っている」
・数字は物事をわかりやすく説明し、理解しやすくする。
　「日経新聞を読んでいる人は300万人」
・数字を有利に使う。
　小が大に勝つには土俵を変える。例えば、特定の地域に限定、顧客層限定、市場限定、時間限定等のように土俵を変えれば、小でも大に勝つことができる。
　単位を変えることで印象が変わる。
　絶対額と率において、どちらを強調するのか。

(3)ためらい処理

　お客から予測される反対意見に対して、予め準備をしておく。本論の説明の際に出てくるお客の不安や疑問を吐き出させ、お客に確信を与える。

　具体的には、応酬話法を使って対処する。応酬話法には、質問法、聞き流し法、否定法、イエスバット法等がある（111頁〜115頁）。

5）締結する

(1)成約の場を演出する

　クロージングは、その場の演出も大きな効果を発揮する。商談の雰囲気をごく自然な形でクロージングの方向に持っていくからである。

　締結は、英語ではコンクルージョン（conclusion）であるが、慣用として使われているクロージング（closing　終結）にする。

①小道具を使った演出方法

　お客の方から買おうと言い出すことはまずない。まして、「契約書を出して」とはお客は言わない。お客の購入意思の兆候が見出されたら、タイミングよく、契約書、若しくはそれに相当するもの、例えば申込書等をテーブルの上に並べながら話を進める。

　契約のための小道具がテーブルに並んでいるか否かで、お客の心理はかなり違う。お客の眼にそれらが何気なく触れることで、次第に契約への心理的準備が整えられていく。

　ただ、これらの動作を唐突に行ったり、タイミングが悪かったりすると、逆にお客の反発心を刺激することにもなるので気を付ける。

②空間の演出

　心理学的な観点から言うと、お客と営業員という社会的立場を守りながら話をする最も自然な距離は120cmである（149頁）。この距離以内に近づくと、相手は警戒心を強めることになる。

　しかし、警戒心を呼び起こさずに距離を詰めることができれば、立場の壁を破って、お互いの気持を急速に接近させることになる。その機会を演出するのが、営業員の技術である。例えば、価格表や見積書を使って、「ちょっとこれをご覧ください」とお客に身を乗り出させ、自らも身を寄せて、一緒に見るように演出するのである。

(2) その瞬間に意志力を集中させよ

　「代打を出そうとベンチを見回した時に、グッと見返してくる選手に、お前行け、と起用する」。これはあるプロ野球球団の監督が言った言葉である。監督は、代打要員の選手の顔に、「打たせてくれ」という積極的な意欲や強い意志があることを感じた時に、彼を指名すると言う。

　営業場面で置き換えて言えば、この時が「成約」の瞬間である。

　エマーソン（米国哲学者）は、「最も一般的な迷妄の一つは、現在、只今の時間を抜き差しならぬ決定的な時間ではないと思うことである」という名言を残している。

　一つ一つの商談の場を「抜き差しならぬ決定的な瞬間」と考え、自分のすべての意志力を集中させることである。それが、成約へ持ち込むために欠かせない姿勢である。

(3) テストクロージング

テストクロージングは、チャンスを逃さないように、締結に持っていくことである。

「いかがですか」「どうですか」

「どちらにしますか」「どちらの企画が御社の方向性とあっていますでしょうか」

「何ケースにしますか」「もしご注文いただけるとしたら、どのくらいの数量を用意したらよろしいでしょうか」等

と意見を求めて、お客の買い気をテストする。

(4) 買い気信号をキャッチする

①動作や表情の買い気信号

　A. 沈黙して考え込む時

　　バイヤーが考える時間を与えれば決断することができる。この時の沈黙を恐れない。

　B. 急に顔が明るくなった時

　C. 一度下に置いたパンフレットをもう一度見直した時

　D. 電卓を出したり、暗算をしたりした時

　E. パンフレットのある部分をしげしげと見る時

（注意の向け方が今までと違ってくる）

　F. 真剣に聞き出した時

　G. 深呼吸をした時

　H. 好意的な態度を見せ、笑顔が多くなった時

②言葉の買い気信号

　A. 契約条件でダメ押しをした時

・キャンペーン内容、期間、数量等

・条件、価格、支払方法、支払いサイト等

・販促フォロー、推販フォロー

B. 納期を聞いた時

C. アフター・サービスを確かめた時

D. 他企業の売れ行き具合や利用上の意見を求めた時

E. 値切り始めた時

F. 同じ質問を繰り返した時

G. 営業員の個人的なことを尋ねた時

H. 実物を見せろと言った時

I. 陳列場所や置き場所を聞いてきた時

③動作と言葉の買い気信号

A. 第三者に意見を求めた時

B. 奥の間や別の場所に席を変えた時

C. 困ったな、どうしようかな、と腕組みをし、頭を掻いている時

(5)お客の「検討しましょう」への対処

　お客の「検討しましょう」では、お客のことを考えてのお尋ねという形を取ることである。例えば、商品が品薄になる可能性や販促物の確保などを理由にして聞く。聞き方によってはお客の気分を害する。「はい、ありがとうございます。何について検討するのでしょうか」「だれと検討するのでしょうか」「いつまでに検討されるのですか」

　お客に是非聞いておきたいことがある。「あなたはこの件についてどう思われますか」である。「私はいいと思う」という一言を取っておく。その理由は、社内セールスを真剣にやってもらうためである。

(6) クロージング

クロージングでは、切り札を用意して、決心の手伝いをする。

買った方がいい理由と買わなかった方がいい理由を秤にかけて、決心の手伝いをする。

お客の決定の正しさを認識させ、購買から得られる利益を大きくするための手引を行う。

今の強調、即ち、今買っていただくことが、貴社の利益につながることを強調する。

条件の譲歩は、慎重に行う。

何度でも決心を促す。

(7) クロージング法

①要請クロージング

率直に注文を要請する話法である。

②集中クロージング

お客が最も興味を示している一点に焦点を絞って、説得しながら、成約に持ち込む話法である。

③利益列挙クロージング

商品を購入した後のメリットを強調して、同意を求め、決断を迫る話法である。

④仮定クロージング

お客は、もう買う気になっていると仮定して、決めにかかった質問をすることで、お客の決断を促す方法である。

⑤選択クロージング

「Aにしましょうか。Bにしましょうか」というように、二者択一

的な質問をすることによって、お客に答えを選ばせて、成約に持ち込む話法である。この方式の良い点は、お客に選択権を与えることになる。バイヤーが自ら選んだ案には、より価値があると感じてもらえる。
「もしもと聞くな、どちらと聞け」（ホイラーの公式[6]）

(8)商談結果の確認
①商談の要約
　商談の最後に、お客の求めたことや約束したことを要約する。話の確認になる上に、「ちゃんと自分の求めたことを理解しているな」と好印象を与える。
「本日はいろいろとありがとうございました。お話をまとめさせていただくと、一つ目が・・・。二つ目が・・・。三つ目が・・・です。それでよろしいでしょうか」
②約束厳守
　約束は必ず守る。自分にとっては小さなことでも、お客にとっては大きな約束になることがある。約束した日よりも1日早く返事をする。素早く返事をもらったという印象を与える。
③切り上げ
　長居は無用である。契約を締結したならば、早々に引き上げる。忙しそうにしていることが、営業がうまくいっていると思われるコツである。

第2章　商談技術

<表208>商談で反対が出た時のまとめ

(1)事前	・商談の目的と事前準備
(2)用件の切り出し	・用件を言う 「・・はいかがでしょうか」 <反対が出た時> 「とおっしゃいますと・・」
(3)お客の反対の個別事情ヒアリング	・反対の理由を訊く 　（お客の状況や考え方といった個別事情を知る。） 「なるほど、そういう事情で・・・なのですね。よくわかりました」 「ところで・・」（話題転換） ・仕事環境、事業、商売やお客をほめる。 ・その中から、興味・関心や問題意識を見出し、さらに、個別事情を引き出す。
(4)本論	「その点ですが・・」 （個別事情に合わせたセリングポイントを訴える） （疑問や質問に明確に応える） 「・・いかがでしょうか」
(5)締結	テストクロージング クロージング

<演習>
　日頃行っている商談を「商談の基本構成」(表208)の様式に従って、書き出してみよう。課題を見つけてみよう。

7．お客の反論と応酬話法・質問法

1）反対への基本的態度

(1)反対や抵抗の表れ方

　お客の反対の表れ方は、お客の性格やその時の心理状態、雰囲気、営業員の話の詰め方等によって、様々な形で表れる。

①反対の姿勢や態度

「率直型」は、思っていることを率直にズバリと言ってくるタイプである。

「建前型」は、真意を隠し、建前や曖昧な態度をとる。営業員としては扱いにくいタイプである。

「感情型」は、感じやフィーリングを大事にしている。みんなが使っている商品だからいやだとか、営業員の態度が気に入らないから、といったような自分の感情を中心にするタイプである。

「理性型」は、計画や分析などを中心にしている。少し量目が多いとか、単位当たりの金額が安いとか、性能の差がどれくらいあるかなどを指摘するタイプである。

②反対の調子

「判然型」は、断るのも、条件をつけるのも、はっきりしている。強い抵抗として表れる場合、一見取り付く島がないタイプに見えるが、懐に飛び込むとよい。但し、懐に飛び込むには勇気と努力がいる。

「躊躇型」は、良いのか・悪いのか、買うのか・買わないのか迷うタイプである。決断に向けて強力に誘導することが必要である。

「思わせぶり型」は、本人がなんらかの決断をするのであるが、もう

一つ決定的なものがないタイプである。
③反対の示し方
「いらない」は、本当にいらないか、何かの理由があっていらないと言っているのか、見分けが必要である。
「考えておく」は、断ることの裏返しなのか、本当に考えようとしているのかの判断がいる。
「可能性のある要望」は、応じられるかどうかは別として、常識的に無理のない相談や質問なら、相当に可能性がある。
「無理な相談」は、常識では考えられないような難題を持ち出す場合には単なる冷やかしと考えられる。買うことを心に決めておきながら、からかってくる場合もまれにある。

(2)バイヤーの代表的なノーとは
①商談時間
　商談する時間が無いと言われ、アポイントが取れない。
「今日は忙しいから・・・」
②商品関連
・知名度が低い商品、市場シェアが低い商品、又はローカル商品なので売りにくいから取り扱わない。
・既存の商品と似た商品なので取り扱わない。
・あるカテゴリーにおいて、競合メーカーのガリバーブランド1品目を展開する小売業が多い中で、他のメーカー商品を導入する。
・ロングセラー商品であるが、売場がマンネリ化してしまうので、スペースを狭め、他の商品を導入したい。
・ユニークな商品過ぎて、売れるかどうかわからない商品なので遠慮

する。
・どこでも扱う商品なので差別化にならないし、価格が乱れやすい。
「特長がない」「代わり映えしない」「質がよくない」
「この商品はこの辺りでは受けない」
「売れ出したら買う」
③価格関連
・価格が高いので、消費者が敬遠する。
・高価格帯の新製品を導入するに当り、現在の低価格帯の商品と差し替える。
・マスコミ商品なので、値段が乱れる。
「安売りが多い」「売価が高い」「儲からない」
④売上関連
・売上拡大が予測されるカテゴリーで、絞り込みの商品政策を取っている。
・市場の成長がそれほど見込めないカテゴリーの中で売れ筋である商品に時々欠品が出る。
⑤回転率関連
・粗利益率が40％ある化粧品であるが、あまり回転しそうもない商品だから取り扱いを見合わせたい。
「この商品は回転が良くないのでやめたい」
⑥利益関連
・テレビCMを入れる大型商品を導入したいが、利益率が12％程度で低い。
⑦広告関連
・コマーシャルの入る商品は値段が乱れやすいし、どこでも扱うから

差別化にならない。
・コマーシャルが入らないから認知度が上がらず、売りにくい。
・雑誌広告だけでは認知度が上がらない。
⑧陳列場所関連
・新製品導入に対して定番にする陳列場所がない。
・定番カット候補商品の3条件は、次の通りである。
　・市場シェアが低い。
　・シェアが下降気味の商品。
　・売上が過去3ヶ月前年同月比を割っている。
　定番カット3条件を満たす候補商品は、複数アイテムを提案する。1品目だとバイヤーや企業のこだわり商品である場合があり、カットが困難になる。
・エンドや平台陳列の場所がない。
「陳列する場所がない」「山積みする場所がない」
・陳列什器・ポスターが少ない。
⑨会社関連
「お宅の会社では品揃えができない」
「同じカテゴリーに種類が多すぎる」
「また新製品か」
「現在の取引先で満足している」「近くにいい仕入先がある」「これ以上仕入先を増やす必要はない」「お宅はいざという時に間に合わない」
「支払条件が厳しい」「他の問屋はもっと割引する」「他社はもっと勉強する」
「スペース料をつけてくれないか」「景品をつけないか」
「陳列をしていってくれないか」

「売れない場合は引き取ってくれるか」

(3) こじれそうな時の対応
①コツは、「時間」「場所」「人」を変える
一人ですべてを抱え込まないことである。
②お客は素直にならないことがあるので、威光効果の活用
　その時は、自社や自分の考えとして説明しないことである。むしろ専門家、学者や経営者等の言葉や優れた企業の実績という「威光効果」を使って紹介する。
　新聞や雑誌の記事や広告は、コピーではなく本物で説明すると、大きな効果がある。
③パンドワゴン効果の活用
　パンドワゴンとは、パレードの先頭を走る楽隊車である。転じて、先行者や実力者に同調する傾向から生じる効果をいう。典型的な言い方としては、「御社の〇〇部長がおっしゃっていましたが、競合店と差別化する商品が欲しいと」がある。
④自社の上司やマーケティング担当者の同席
A．上司の同席効果は、次の通りである。
・会社でも認められているという印象をお客に与える。
・上司が同席するので、お客に関心を持ってくれている。
・お客は自社を重要企業と認めているという証になる。
・お客は無茶な断り方をしない。
・上司は日本全体やエリアを総括する話をして、担当営業員との役割分担をする。
・上司を条件の話に巻き込まないようにする。

B. マーケティング担当者の同席効果
　チェーンストアの人々は、メーカーのマーケティング担当者の発言に一目置く傾向がある。

(4)反論に対処するまとめ
①リターン法
　お客（バイヤー）の反論を、お客が購入する理由にする。
　バイヤー「市場のシェアが低い」
　営業員「シェアが低いのは配荷率が低いからです。配荷率を上げると、競合との差別化になり、利益が25％取れます」
②説明法
　説明を再度する。
　バイヤー「使いづらい」
　営業員「もう一度使い方を説明させてください。慣れると、今までの商品よりも使いやすいという方もいらっしゃいます」
③承認法
　受け入れる。
　バイヤー「価格が高いね」
　営業員「長い目で見ると、お得になります」
④否定法
　相手の誤解は明確に否定する。
　バイヤー「生産中止になる」
　営業員「ご心配ありがとうございます。そのような計画は全くありません」

7．お客の反論と応酬話法・質問法

2）知っておきたい応酬話法

　応酬話法は、お客の反対や質問に対して、応酬する話し方を言う。前項の反対意見に対して、応酬話法を予め準備しておくことである。例えば、「商談する時間が無い」と言われた時の応酬話法であるが、次のようにする。
「そうですか。それでは明日の午後にお伺いしたいのですが、ご都合いかがですか」
「それは残念です。実はバイヤー○○さんに非常に喜んでいただけるお話なので、3分間ほどお時間を頂けませんか」
「決してお手間を取らせません。是非ともお耳に入れておきたい、すばらしい話なので、3分間ほどお時間を頂けませんか」
「お忙しいのを承知で、耳よりなお話をお持ちしているのですが、いかがでしょうか」

(1)イエス・バット法（逆転法）
　英語の「イエス」そして「バット」と持っていくやり方である。「その通りです。しかし‥」というように、一旦お客の言い分を認めた後、納得のいくように説明をする。言わば、肉を切らせて骨を切る方法ともいえる。例としては、次のようになる。
バイヤー「陳列場所がないから買えないよ」
営業員「はい、そうですね。しかし、この商品は回転が良いので、在庫になるようなことはありませんし、場所も広くはいりません」
　この方法は、「はい」で受け入れることは良いのだが、「いいえ」で相手の考えを否定することにつながる。営業では、よく「議論はする

な」と言われる。議論に勝てるかもしれないが、ビジネスでは負けることになり勝ちである。商売相手の心証を傷つけることになるからだ。従って、「はい」をクッションにするとよい。例えば、次のように受け答えするとよい。
「はい。ご懸念はよくわかります」
「そうですね。皆さん最初はそのようにおっしゃいます」
「その点は、とても大切なポイントだと思います」
「本当にそう考えます」
「さすが鋭いご指摘ですね」
　次に、「実は・・」「ところで・・」又は「もし、・・ならば」と、つなげる。第三者の成功例を挙げてみることや、第三者の意見として言うと、言いにくいことも、はっきり言える。例としては、
「はい。実は、某チェーンドラッグの商品部長も同じご懸念をお持ちでした。そのため、テスト販売をしたところ、予測の35％を超える売上が上りました。即座に全店導入になりました」

(2)否定法（イヤイヤ法、正面撃退法）
　バイヤーの言葉を直接「いいえ」と否定する方法である。使い方を誤ると議論になったり、相手の感情を害したりする。「イエス・バット法」で解説したと同じ理由で、できるなら使わない方が良い。
バイヤー「洗剤なんか儲からないから、いらない」
営業員「いいえ、10％の利幅があります。その上に回転率が良いのです」

7．お客の反論と応酬話法・質問法

(3)聞き流し法

お客の反対に対して、直接は答えないで、聞き流してしまう。確かに、お客によっては、答えなくて良い反対もあるので、聞き流しにしてしまうことがある。

バイヤー「貴社の支払いは早い。何とかならないか」
営業員「ここへきて、随分と商品回転が早くなりました。・・」
(聞こえなかった振りをして、マイペースで話を進める)

だが、お客が連続して同じ反対をした時は、「聞き流し法」で対処してはダメである。お客が自分の言い分を無視されたと思い、感情を害するからである。

(4)おうむ返し法（ブーメラン法）

断りをそのまま答えにする方法である。
「・・・。だからこそ、もっとこの商品を・・」と、切り込んでいく方法である。
バイヤー「儲けの少ない商品は、いらない」
営業員「確かに儲けが少なくて困ります。だからこそ、回転の早い商品の仕入れをお願いします。その点、この商品は・・」

(5)例話法（引例法）

実例を挙げて応酬する方法である。
バイヤー「少し企画セットが大き過ぎるよ」
営業員「他社でも同じことをおっしゃっていましたが、1週間で売上予定の半分が売れました」

第2章　商談技術

(6) 実物転換法

　話よりも、実物や資料でお客の五感に訴えながら商談を進めていく方法である。

バイヤー「陳列台等を置く場所がないよ」

営業員「ここに巻尺を持っています。ちょっと測ってみましょう。ほら、これしか場所をとりません」

(7) 体を使って応酬

　トップ営業員は「私は、口でしゃべらず、目や体の動きで話すのだ」という。お客の断りや、ためらいの内容に合わせて、自らの言葉に体の動きを加えて応酬する。単に、口だけで応酬するよりも効力を発揮する。

①表情と態度

　断りやためらいに出会い、急に表情や心配顔になって応酬すれば、逆効果になる。表情は、その場の雰囲気を作ってしまう。硬い表情には硬い表情が返ってくる。親しみ深い表情には親しみ深い表情が返ってくる。応酬話法は、リラックスした表情や態度で行わないと効果がない。

　顔にいつも微笑をたたえておく必要はない。時には力強さを印象付けなければならない時がある。おうむ返し法（ブーメラン法）で、「だからこそ」と切り返す時がそうである。その際、目には自信に満ちた生き生きとした輝きが必要である。

　注意したいことは、オーバージェスチャーで芝居がかった印象や、煩わしさを感じさせないことである。

②声の調子

　話し言葉の効果を決定する声の基本要素に3つある。即ち、ピッチ（高低の調子）、ボリューム、リズムである。表情や態度に合わせ、声の調子に変化をつけることである。

　印象付けたい所で、調子を強くするのが普通だが、急に声を潜めるやり方もある。

(8) 質問法

　お客の反対を、六つの質問（5W1H）で、対応していく方法である。

　　・何故(WHY)、
　　・何を(WHAT)、
　　・何処で(WHERE)、
　　・何時(WHEN)、
　　・誰が(WHO)、
　　・如何にして(HOW)

　これは、応酬話法としては一番賢明な方法である。営業員が話すというよりも、お客に話してもらうことになるからである。営業員に抵抗していることに対して、バイヤー自ら応えていることになる。

バイヤー「うちではいらないよ」
営業員「とおっしゃいますと、何か理由でもありますか？」

3）質問の奥義

(1) お客の抵抗の原因は売る側にある

　お客は、営業員に抵抗する。この抵抗は、しばしば営業員自身によって引き起こされる。購買部門を調査したところ、回答者の64％が、営業員にイライラさせられたと答えている。更に、購買担当者に尋ねると、営業員の80％が、お客に抵抗する気持ちを持たせていることがわかった。お客に抵抗心を起こさせるのは、次のような言い方をしている時である。

・「何々をすべきだ」とか「こうしなければいけない」という命令や強制を感じさせるような言葉遣い。
・お客を罠にかけて、何かを約束させるような質問。

　営業員は、どうしたらいいのだろうか。抵抗を鎮める最も基本的な方法は、何であろうか。

　抵抗を鎮めるためには多くの場合、営業員がお客に向かって何をするかではなく、営業員が自分自身に対して何をするかの問題である。

　抵抗は、お客が購入を決定するために、もっと時間が欲しいという気持ちの表れである。営業員はこのことに気付くことだ。それに気づいたら、お客に質問し、相手の返事に耳を傾け、ゆっくり時間をかけることである。これは、忍耐力を要することである。

(2) お客を引き込む質問

　お客が、ある商品を買う決心をするために、まずその商品を知り、買いたいという感情を刺激しなければならない。そのための一番良い方法は、お客に質問することである。

7．お客の反論と応酬話法・質問法

　ソクラテス（古代ギリシャの哲学者）は、問答法によって自分の哲学を広めた。彼は自分の意見を主張する代わりに、相手に質問し、それによって相手を啓蒙し、話に引き入れるという方法をとった。
　人は、ある状況に自ら関わる時、始めて、自分の問題や自分自身の気持に気付く。次のような研究結果も出ている。人に一方的に何かを言われて、それを記憶している度合は、聞いた直後でも50％程度である。少し時間が経つと、10～20％まで落ち込んでしまう。ところが、質問を使うと、記憶が3倍に高まったという。
　お客に買い気を起こしてもらうには、「質問」という強力な武器を使うことである。質問を通して、お客はその商品が自分のモノになった時の様子をイメージする。その様子を思い浮かべた時に、お客はあなたの商品を買う。

(3)聴くことがお客の納得を生む
　もう一つ知っておきたい説得の技術がある。「積極的に聴く」技術である。つまり、お客の話をよく聴くことも、説得の上で重要な役割を果す。
　C.R.ロジャース（米国臨床心理学者）は、能力開発の手法として「アクティブ・リスニング」（積極的な聴き方）という方法を提唱した。ロジャースによれば、積極的な聴き方は、人間に内面的な変化をもたらすほど重要なやり方だという。積極的な聴き方をされると、自分の気持や考えを正確に表そうとするため、自分の経験に目を開き、自己防衛的な態度を捨てる。その結果、内面的に成長していくというのである。
　これは、営業員の説得の技術においても応用できる考え方である。即ち、積極的に聴くことによって、お客の内面的変化が期待できるの

である。前提となる基本姿勢は「私はあなたの言っていることをあなたの立場で聴いています」という気持ちを相手に伝えることである。そのポイントは、次の3つである。

①相手の言おうとすることの全体を聴く

　人の話には2つの面がある。一つは言葉の「意味」、もう一つは言葉の底に流れる「気持」である。お客の話を聴く時は両方を理解する。

②相手の気持ちに応える

　言葉の意味よりも、その背後にある感情の方が重要な場合がある。時には、感情的な意味の部分に対して、積極的な反応を示す。

③言葉以外の表現にも心を配る

　表情の変化、息遣い、姿勢、手の動きなども、相手の本心を知る手掛かりとなる。

(4) 質問するための視点

①第一の視点

　お客の何が分かっていて、何が分かっていないのかが分からない。

　＜原因＞

　営業員が、お客の内情を知らなければならない項目が曖昧である。

　＜克服の道＞

・商品を売るために知っておかなければならないと思われる項目をリストアップする。

・上記の項目の中で、何がオープンであり、何がブラインドなのかを商談前に明確にしておく（「商談の目的と事前準備」81頁～86頁）。
（注：オープンとは、営業員が訪問前にその気になれば、知ることができるお客に関する情報。ブラインドとは、商談前ではまだよくわか

っていない事柄)
②第二の視点
　お客の内情を探る質問の仕方が分からない。
　＜原因＞
　質問が、準備されておらず、行き当たりばったりで聞いている。
　＜克服の道＞
・商談の流れに沿って、質問の計画を立てる。
・ブラインドとターゲットに質問の狙いを定める。
（注：ターゲットとは、お客が抱えている本当の問題のこと。営業員がオープンになった情報を基にこのターゲットを察することが、お客の心を読み取ることにつながる）
③第三の視点
　お客に欠けている問題を発見できない。
　＜原因＞
　お客の内情を正しく把握できていない。
　＜克服の道＞
・本当の問題はお客自身が気付いていないこともあることを知る。
・ターゲットを推察し、営業員から問題を提起する。
④第四の視点
　お客との間に共通目標として打ち立てる課題を提示できない。
　＜原因＞
　発見した問題の重要性をお客に痛感させていない。
　＜克服の道＞
・幾つかの問題の中で、何がこの商談でのターゲットであるかをお客と共に確認する。

・問題の解決がもたらす効用や成果を予想する。
⑤第五の視点
　お客が抱えている問題を解決する提案ができない。
　＜原因＞
　問題の解決を自分が売ろうとしている商品の効用と結びつけて考えていない。
　＜克服の道＞
・商品別に特徴・利点（特長）・顧客の利益・証拠を明確にしておく（表203「商品作戦シート」54頁参照）。
・他の営業員の実例に学ぶ。

8．クレーム処理

(1)クレーム対応

　営業の現場で特に重要なのが、謝罪である。謝罪の場では、まず、相手に心配や迷惑をかけたことを、誠意を込めて謝罪することが何よりも大事である[4]。ところが、詫びる側が能動的に何かをすることで、許しを得たい気持ちが先行し、謝罪が言い訳に聞こえてしまうことがある。そうすると、お客の怒りが収まるどころか、怒りがエスカレートしてしまう。謝罪の時は、じっとお客の話を聞く姿勢を貫くことである。お客は、当社のミスによっていかに自分が大変だったか、ダメージを受けたかを聞いてほしい気持ちが強い。会話量で言えば、お客が9割、誤る側が1割程度で十分である。

　最初は怒りをぶちまけてきたお客も、気持ちに整理がつけば、怒りは収まり、最終的には、これからどうしていくかに話題が移る。重要

なのは、そのタイミングを逃さないことである。お客の変化に着目し、「解決策をどう考えるか」「次の契約からミスが起きないよう、どう考えていくか」を聞かれたら、予め考えておいた解決策を簡潔に伝える。できたら、解決策を押し付けるのではなく、「二つ以上の提案をし、相手に選択を与える」ことが有効である。

　解決策を選ばせることによって、お客が心理的に優位になる。選んでもらったら「精一杯、挽回させていただきます」と誠意を込めて返事をする。すると不思議に「しようがない、おまえもよく頑張っているからな」といった流れになることが多い。

(2) 謝罪の報告事項
　クレームに伴う謝罪の場では、次の5項目を表明することである[5]。
①謝意を表する
　消費者の不快感や、世間を騒がせたことをお詫びする。立場上、自分自身に直接的に非がないような場合でも、会社を代表して謝意を表することである。謝罪は、責任問題と表裏一体である。
②調査結果を報告する
　調査結果の報告には、調査方法と裏付けを一対にして、公表する。調べることは難しいなどと、言い訳に聞こえることはしない。
③原因分析の結果を示す
　誰もが最も関心を寄せる部分だけに、ここが一番肝心である。
④改善策を提示する
　改善策は、原因分析の結果、必然的に浮かんでくる。精神論ではなく、システム対策が必要である。同時に、改善策を浸透させる方法を考えておかなくてはならない。

⑤処分の内容を明らかにする

　処分を決定することは極めて難しい。人の人生を左右する問題であり、罪のない家族まで影響を与えることがある。慎重に熟慮することである。

　以上、五項目の頭の文字を並べると、「謝・調・原・改・処」となる。当て字にすると、「社・長・限・界で・しょ」となる。どれが欠けても、謝罪は成功しない。

「商談技術」の演習

　商談技術の訓練には、役割演技法（ロールプレイング）が適切である。役割演技法は、商談の仕方を知識として「わかる」ことから、商談技術として「できる」ことにしていく訓練であり、実習である。与えられた問題（例：商談）の解決方法を、自分なりに演じて、身をもって体得する手法である。

　演習の参加者が演じる役は、営業員（売り手）とバイヤー（買い手）の両方がある。両方を演じることにより、相手に対する感受性を高めることが出来る。見学者は、演じる二人を評価しコメントする。

　演習の進め方は、次の通りである。
①営業担当役は、商談のシナリオ（104頁表208参照）を作成する。
②営業担当役は、本番前に全員に商談の想定内容を説明する。
③営業担当役とバイヤー役は、着席して「商談」を実施する。
　ビデオ撮影すると、商談終了後のフィードバック時に役に立つ（65頁参照）。
④商談終了後、講師はビデオをフィードバックしながら営業担当役に
　コメントする。

第2章　参考文献

1．商談技術は、下記2社の研修を受講した資料を参考にしている。
(1)株式会社ジェック主催「コンサルティング営業講座」受講（1981年）。
(2)株式会社ドムス・インターナショナル代表取締役村松清氏が実施した「営業スキルアップ研修」の受講（2011年3月10日）。
2．『【NHK式＋心理学】一分で一生の信頼を勝ち取る法－NHK式7つのルール－』矢野香著、2014年7月、ダイヤモンド社
3．「コミュニケーション論」齋藤孝著『週刊ダイヤモンド2014/03/22』
4．「謝罪学／言い訳に聞こえたらアウト、相手の話を聞く姿勢がカギ」『週刊ダイヤモンド2014/03/22』
5．「企業危機管理ノート、公式は「社長限界でしょ」」田中辰巳リスク・ヘッジ社長 http://www.ask.or.jp/r3475/
6．『ステーキを売るな シズルを売れ－ホイラーの公式』エルマ・ホイラー著、2012年7月（原書は1937年発行）
7．『信念の魔術-成功と繁栄のための心理学』C.M.ブリストル著、大原武夫訳、1964年、Executive books
8．『私はどうして販売外交に成功したか』F・ベトガー著、土屋健訳、1964年、ダイヤモンド社
9．『一分間セールスマン　心で売る共感のセールス』S.ジョンソン、L.ウィルソン著、小林薫訳、1985年3月、ダイヤモンド社
10．『CIA諜報員が駆使するテクニックはビジネスに応用できる』J.C.カールソン著、夏目大訳、2014年8月、東洋経済新報社
11．『禁断の説得術応酬話法－「ノー」と言わせないテクニック』村西とおる著、2018年3月、祥伝社

第 2 章　商談技術

12. 「説得力アップ　プレゼンの王道」『日本経済新聞 2015 年 3 月 16 日夕刊』
13. 『TED 世界を魅了するプレゼンの極意』A. カリア著、月沢季歌子訳、SB クリエイティブ、2014 年 3 月
14. 『リーダーはストーリーを語りなさい』P. スミス著、栗木さつき訳、日本経済新聞出版社、2013 年 3 月
15. 日本経済新聞 2010 年 9 月 4 日（土曜日）記事
16. 「承認欲求」の注釈。

    マズロー（米国）は、人間の欲求を欲求五段階説として説明した。低次の欲求（物質的欲求）には二つあり、「生理的欲求」は食欲や睡眠欲など生命を維持するための原始的欲求、「安全欲求」は安全な生活を求める欲求である。低次元の欲求が満たされれば、高次の欲求を満たしたくなるとされる。高次の欲求（精神的欲求）に三つある。「所属と愛の欲求」は人とのつながり、組織に属することで安定したいという欲求。「承認欲求」は他人から尊敬されたいという欲求。最上位に「自己実現欲求」がある。

    『行動科学の展開－人的資源の活用－』p. ハーシ＆K.H. ブランチャート共著、昭和 57 年 7 月、日本生産性本部

17. 「お客に対する考え方」の項は、ダグラス・マクレガーの「X 仮説と Y 仮説」によっている。『行動科学の展開－人的資源の活用－』同上

交渉技術に関する参考図書

18. 『一瞬で大切なことを伝える技術』三谷宏治著、2011 年 12 月、かんき出版
19. 『武器としての交渉思考』瀧本哲史著、2012 年 7 月、星海社
20. 『世界のエリートが学んできた自分の考えを「伝える力」の授業』狩野みき著、2014 年 6 月、日本実業出版社
21. 『本当に賢い人の丸くおさめる交渉術』三谷淳著、2016 年 9 月、すばる社

第3章
営業における
心理学

第3章　営業における心理学

1．心理学とは何か

1）心理学の系譜

　ビジネスが、心理学をどのように使っているのかを検討するに当り、心理学の歴史的な系譜と全体像をとらえる[1]。

(1) 1879年ヴントが実験心理学を創始
　ヴントの前に、外的な刺激と内的な感覚の対応関係を数量的にとらえようとしたフェヒナーの「精神物理学」があるとされる。
　歴史的には、1879年にヴントがドイツで「心理学実験室」を創始したのが、現代心理学の始まりとされる。
　ヴントは次のように考えた。「心」とは、瞬間的に意識に上がった「経験」の集合体である。被験者に対して刺激を与えて、どんなことを意識したか報告させるという方法（内観法）で解明しようとした。

(2) 20世紀以降の動き
　20世紀に入ると、「精神分析学」や、「ゲシュタルト心理学」、「行動主義心理学」が登場した。これらを基礎に心理学は進化した。特に、実証性を重視する行動主義心理学及び、その発展形である「新行動主義心理学」は、科学としての心理学の主流となった。
　フロイトが創始した「精神分析学」は、精神的疾患の治療技法という、従来の心理学とは別の流れから登場した。「無意識」の概念を理論化・体系化した。臨床心理学の祖であるフロイトの精神分析学は、それまでの心理学とは別の流れとして登場し、他の学問領域や芸術など

広い範囲に多大なインパクトを与えた。一方で、実証性を重視する実験心理学（主流派）からは、科学ではないという批判を受けた歴史がある。

　ウェルトハイマーなどが創始した「ゲシュタルト心理学」は、心をバラバラの要素で考える「構成主義」を批判し、全体やまとまりを重視した。その後の心理学全般に大きな影響を与えた。

　ワトソンが創始した「行動主義心理学」は、主観的な意識の重視を批判した。客観的に観察できる行動（刺激に対する反応）の研究こそ科学だと主張した。

(3) 20世紀後半以降

　目立つのは、情報科学の考え方を取り入れ、情報処理のメカニズムという視点から人間の心理を研究する「認知心理学」が台頭した。

　認知心理学は、行動主義心理学が人間の内的心理をブラックボックスとしていたのに対して、そのプロセスの解明やモデル化に取り組んだ。実証的な手法を使いながら、心の内側に積極的に踏み込んだのである。これは、「認知革命」と呼ばれる研究手法の革新をもたらした。

(4) 現在

　心理学の最先端では、脳科学との連携により、脳の機能レベルでの心理の解明に進もうとしている。いずれは、見えないものとされてきた心が、見えるようになるかもしれない。

2）心理学の研究目的と手法

　心理学と一口に言っても、人間心理に関わることを扱うのだから、その内容は多彩である。研究の目的、手法、対象、理論的な立場などが、複雑に絡み合っている。
　研究者の多くは、複数の分野にまたがっている。
　他の学問分野との関係も広く、医学、生理学、物理学、化学、哲学、社会学、経済学等と、ほとんどの学問と関わりがある。
　研究目的から見ると、二つの分け方になる。
　一つ目は、心理学の一般法則の研究を行う「基礎心理学」である。
　二つ目は、基礎心理学から得られた法則や知識を現実の問題に適用する「応用心理学」である。
　研究手法から言えば、大きく二つの流れがある。
　一つ目は、実験や調査を主とする「実験心理学」である。
　二つ目は、個々の人間の心理に深く立ち入り、そこから普遍的な心理の構造を探ろうという「臨床心理学」である。
　基礎心理学と実験心理学は、厳密には同じではないが、基礎心理学のほとんどが、実験的手法を用いる。
　応用心理学の分野は膨大だが、発展途上のものも多い。
　系譜的な流れから言えば、本流は実験心理学である。
　なお、基礎心理学、応用心理学、実験心理学と臨床心理学に関連した心理学には、何があるかは、154頁から157頁に記載している。

2．心理学の適用には注意がいる

1）心理学は諸刃の剣

　心理学とビジネスは、深い関係にある。マネジメント、マーケティング、営業のいずれにおいても、人間の心理を分析することは重要である。

　顧客満足を第一に考えて誠実にビジネスをしてきた会社が、心理学的手法を使って商品の魅力や企業の思いを顧客に伝える。共感した顧客からフィードバックを得て、商品の向上に生かす。そうしたサイクルが生まれたら、企業は成長する。

　相互に理解がされているかと言えば、まだ十分ではない。ビジネスの現場では、心理学をきちんと勉強しないで、心理法則を使ってしまっている事例がある。

　自分が良かれと思ってやっていることや、ダイレクトマーケティングの常識だと思ってやっていることに、心理法則が多々ある。自分は真っ当な商品を売っているといった反論や、コンプライアンスをきちんとして、返品も受け付けているから問題はないという意見がある。

　だが、必要のないものを大量に購入して後悔するお客を生んでいることも事実である。個人的な問題として取り扱うのは、心理学的知識の誤用であり、企業にとっては危険なことである。

　心理学は、諸刃の剣になる。うまく使うと効果は高いが、慎重に扱わないと、大切な顧客を傷つけ、そして自らを傷つけてしまう。

　心理学的テクニックは、使う者の倫理観が厳しく問われる。

2）人の心理の付け込んだ危ない商法の事例

　心理学を誤って使った事例を取り上げる。マスコミ等でよく取り上げられているので、承知しているかと思う。
①振り込め詐欺
　得する情報で釣ったり、相手を動揺させたりして、相手の判断を鈍らせるなど、手が込んでいる。取り過ぎた税や年金を還付する等と、金融機関に誘導して、振り込ませる。息子や孫を装い、トラブルで急に金が必要だと言って振り込ませる。
②催眠商法
　密室状態にした会場に人を集め、日用品などを無料配布、あるいは、ただ同然で売って、参加者を興奮状態に誘導する。そして、手を挙げさせたり、拍手をさせたりして、催眠状態にする。その上で高額商品を売りつける。
③霊感（開運）商法
　心や体に悩みを抱えた人に、原因は先祖の霊がきちんと供養されていないからだなどと言って、祈祷料を取ったり、高額な壺、仏壇、印鑑等を売りつけたりする。
④自己啓発セミナー商法
　「今のあなたの性格を大きく変えられる」「このノウハウを身に付ければ役に立つ」といったうたい文句で自己啓発セミナーを受講させる。マインドコントロールで判断が下せない状態にして、高額なセミナーや高額商品を売りつけたり、宗教に勧誘したりする。
⑤ホームパーティ商法
　趣味の集まり、子供と親が集まる会合等を催し、料理教室、華道教

室等を開いて、皆で飲み食いしながら、高額な鍋のセット、化粧品、健康食品等を売る。マルチ商法、新興宗教の勧誘にホームパーティが使われることもある。

⑥デート商法

　恋人役と販売業者が仲間である。街中や出会い系サイト等で知り合い、デートに誘う。その時に「プレゼントしてほしい」と商品の購入をせがむ。「あなたには、これが似合う」などと、虚栄心をくすぐり、高額商品を購入させる。

⑦展示会（絵画）商法

　街頭で絵を見ていきませんかと、無料招待券を配り、展示会に誘って、呼び込む。気に入った作品を選ばせて、この絵に目をつけたのは、絵の分かる人だと持ち上げて、実際の価値以上の価格で作品や展示品を買わせる。

⑧サンプル商法

　浄水器や健康食品等の商品サンプルを「どうぞ一度試してください。効果がありますから」と置いていく。後日「回収に来ました。使ってみてどうでしたか」等と言いながら、商品の良さ、関連商品を売り込む。

⑨当選商法

　「懸賞に当選しました」「おめでとうございます。○○の海外旅行が当たりました」等と連絡して喜ばせる。懸賞の当選者に金額の一部を自己負担してもらうと言って、金を取ったり、プレゼントを渡した後に高額な商品を売りつけたりする。

第3章　営業における心理学

3．ビジネスで使える心理法則

多くの人は、次のように願っているが、なかなか思い通りにはいかない。
「お客に好印象を与えたい」
「相手の気持や本音を汲み取りたい」
「自分の思いを伝えたい」
「組織の中で、人間関係を良くしたい」
人は「気持ちがいい」と思う状態になりたがっており、心地よいと感じる状態や行動に対してプラスの印象を持つ。
こうした時に、心理学の法則を知っているかどうかで、大きな違いが生じる。心理学の成果の一端がビジネスに活用されている。知っておくと便利な心理法則を16ほど取り上げる。

(1) メラビアンの法則
メラビアン（米国心理学者）は、話し手が聞き手に与える印象を分析した。相手の表情やしぐさが55％、声（話し方）が38％、話す内容は7％に過ぎない。
＜ビジネスへの応用＞
服装や身だしなみに気を配り、表情の豊かさ、明るさなどが接客のポイントになる。話の中身を軽視していいわけではないが、見た目という視覚情報を大切にしたい（143頁参照）。

(2) 単純接触効果
接触回数が相手の評価に影響を与え、接触頻度が高い方が好印象を

持たれる。人は、何度も同じものを見たり聞いたりすると、それが好きになる。
＜ビジネスへの応用＞
　足繁く得意先を訪れたり、職場でも頻繁にあったりすると、好印象を与えることができる。商品を好きになってもらうには接する機会を増やせばいい（146頁参照）。

(3)微笑みの法則
　人は、目尻が下って、口角（口の左右の当り）が20度上がっている表情に好印象を感じる。微笑をたたえ、第一印象で好感を持たれることが重要である。
＜ビジネスへの応用＞
　ニコニコした笑顔で接することは、ビジネスで好感度を上げる大前提である。しかめ面をしていては、会話が弾まないし、お互いに気分が沈んでしまう。

(4)ランチョン・テクニック
　昼食を楽しく取りながら話すと、相手や話の内容を受け入れやすい傾向がある。食事に限らず、心地よさをもたらすものなら同様の効果が得られる。
＜ビジネスへの応用＞
　営業活動や上司、部下との会話は、食事やお茶を飲みながら和やかな雰囲気でする方がいい。プラスのイメージを植え付けられ、良好な関係が築ける。

第3章　営業における心理学

(5) シンプル・イズ・ベスト

　ラザフォード（英国物理学者）は「いかなる問題も、一般の方に説明できるようでなければならない」と、シンプルかつ分かりやすさの重要性を説いた。（ラザフォードの言葉を一部変えている）
＜ビジネスへの応用＞
　シンプルな話ほど印象に残り、人に喜ばれる傾向がある。ビジネストークも優しい表現に置き換える必要がある。専門用語の多用は壁を作ってしまう（59頁参照）。

(6) シンメトリーの法則

　左右がシンメトリー（対称）になっているものを見ると、人間は美しいと感じ、安心した気持になる。身だしなみや、机の配列、調度品の配置などに活用できる。
＜ビジネスへの応用＞
　ネクタイが曲がっていたりすると、不快に感じるものである。手を使って表現する時も、一方の手だけを動かすのではなく、両手を動かすようにする。

(7) ○△□の法則

　人は丸いものに引き付けられる傾向があり、図形を効果的に使う必要がある。○と△は自然界にあるが、□は少ない。印象が強いのは○、△、□の順である。
＜ビジネスへの応用＞
　注目してほしい言葉があれば、アンダーラインを引くよりも、丸く囲むと強く印象付けられる。パンフレットやプレゼンテーション資料

にも応用できる。

(8) 垂直の原理、視線の法則
　垂直に伸びる線は、人の視覚を刺激し、相手にインパクトを与える。同じ長さの線でも、水平よりも垂直にした方が長く見える、視線は左から右へ動く。
＜ビジネスへの応用＞
　プレゼンテーションや営業先でパンフレット等に書き込む際、垂直な線で矢印を引くと、相手に注目されやすい。丸く囲むのと同様、視覚に訴える効果が高い。

(9) フット・イン・ザ・ドア・テクニック
　玄関の隙間に片足を入れると、ドアを閉められないということからきている。簡単な依頼に応じてしまうと、次の依頼に対してもイエスと言いやすくなる。
＜ビジネスへの応用＞
　「一分ほど時間をください」と相手が受け入れやすい小さな依頼をして、引き受けてもらう。イエスを引き出すと、高いハードルのイエスが引き出せる。

(10) ドア・イン・ザ・フェイス・テクニック
　初めに受け入れがたい大きなお願いを要請して、一度断らせる。その後で、それよりも負担の小さな要請をすると、受け入れられやすくなる。
＜ビジネスへの応用＞

第3章　営業における心理学

　本来、お願いしたいこと以上の要求をして、断られたら折れる。又は、譲歩する。相手の期待に背いたという負い目の心理状況を作り、次に軽いお願いをする。

(11)オート・クライン機能
　オート・クラインは、自分でしゃべったことを自分の耳で聞いた時、初めて理解が深まるという脳機能に関する言葉である。相手に納得してもらうには、自ら話をしてもらうとよい。
＜ビジネスへの応用＞
　部下との話し合い、相手との交渉や営業で一方的に話しても、仕事をスムーズに進めたり、商談を成功させたりすることは難しい。聞き上手になることが大切である（第2章商談技術参照）。

(12)三つの小さなイエス
　大きな決断はなかなかできないが、小さなことへのイエスは言いやすい。小さなイエスを三度、四度、積み重ねることで、本命のイエスへと導いていく。
＜ビジネスへの応用＞
　仕事を依頼したり、購買を決意させたりするクロージングの際に、イエスと答えやすい質問を繰り返す。心理的な抵抗を取り除いて、相手をコントロールする（第2章商談技術参照）。

(13)希少性の法則
　手に入りにくいものや、少ししかないもの（限定品）に対して、人は高い価値を置き、欲しがるという法則。「わずか何台」といった個数

や、時間、地域、性別等が限定されたり、レアなものに人は飛びついたりしてしまう傾向がある。
＜ビジネスへの応用＞
　テレビショッピングでよく使われている。「1日30個限定」「三日間限り」といった限定を強調することで、今買わなければという気持ちを煽る（96頁デッドラインテクニック参照）。

(14) 返報性の法則
　何かをしてもらうと、受けた恩に対して、お返しをしたくなるという行動や判断の基準。有益な情報をもらったり、ちょっとしたプレゼントを受け取ったりする。そうすると、何かをしてあげたい気持が生まれる。自分だけが利益や、心理的報酬を得ている状態を避けようとする（147頁参照）。
＜ビジネスへの応用＞
　通信販売で使われている。人は何らかの厚意を受けると、お返しをしたくなる。例えば、高額なダイエット器具を「最初に代金を頂きません。気に入ったらご購入ください」と商品を送り届ける。そのままでは、返品される可能性が高いので、返品期限の少し手前の20日目から23日目位に無料でスポーツドリンクなどのギフトを贈る。「これはご縁を頂きましたお礼です。どうぞお使いください」と。すると返報性の法則が働き、返品率がぐっと下がる。
　顧客の感謝の声を集めるアンケートで次のような文面を使う。「お客様の喜びの声が、我々に日々働くエネルギーを与えてくれます。使ってみて、いい点、悪い点、どんなことでもお聞かせください」この設問は、顧客が非常に大事にされていると感じる。ここで返報性の法則

が働き、顧客もいいことを書きたくなる。「この商品はこういう点でとても満足している」

(15) 集団性の法則
　合理的な判断をしないまま、多数意見や特定の時流に流されやすいという社会心理学の用語である。多数派が主張する、事実と異なることを本気で信じてしまったり、自らの記憶自体を多数派に同調して書き換えたりすることもある。
＜ビジネスへの応用＞
　訪問販売によく使われる。商品を購入した人のリストを提示して、「これだけ大勢の人が買っているから間違いない。買わなきゃ損だ」という気にさせるやり方である。

(16) 信念の魔術
　ブリストル（米国）は、『信念の魔術』という著書で広く知られている。いい結果を生むためには、自分のやり遂げたい目標を強く信じ、念じることである（第2章参考文献7参照）。
＜ビジネスへの応用＞
　起業したり、事業を推進したりする人は、強い信念を持っている。必ずいい結果が出ると信じ、目標に向かってポジティブに行動すると成果が生まれる。

4．ビジネスへの応用

1）人の多様性を理解する

　人は、「情報の認識プロセス」や「知性の種類」が多様であることを理解していれば、役割分担を上手にして、成果を上げられる。職場の人間関係をよくするために、応用が利く。

(1) VAK モデル
　VAK モデルとは、人が情報を認識するプロセスには、視覚（Visual）、聴覚（Auditory）、体感（Kinesthetic）のどれを通じて行うかに、個人差があるという理論である。
　視覚型の場合、目で見たものにパッと言葉で反応するので、非常に早口で、次から次へと話が飛ぶ傾向がある。
　聴覚型の場合、人の話を聞くのが得意で、考えをまとめてから話す傾向がある。間を置くと、聴覚型は様々な観点から分析したレポートをまとめたりする。だが、視覚型は聴覚型に対して「話すのが遅い」と感じる。
　体感型は、温かいとか冷たいとかの感覚で認識するタイプである。言い方のニュアンスや表情などに敏感で、この人は温かく見てくれているといった認識が先にくる。

(2) 多重知性理論
　認知心理学には、ハワード・ガードナー（米国）が説いた多重知性理論がある。人は、多重知性（Multiple Intelligences、MI 理論）と

して、8つの知性がある。即ち、言語的知性、論理・数学的知性、空間的知性、感情的知性、絵画的知性、音楽的知性、身体運動的知性、社会的知性である。

　一般的に、いくつになっても、知性は学ぶことができ、伸ばせる。学校教育では、言語的知性や論理・数学的知性が重んじられている。他の知性は、なおざりにされている傾向であるが、その能力に気付くとともに、伸長させていく方法論の開発が急がれる。

　多様な認識プロセスや、多様な知性があることを知っていれば、お互いに理解しやすくなり、能力や成果も発揮しやすい。組織作りや運営に役立つはずである。

(3)相手の自我状態を認識すれば人間関係はもっとよくなる
①交流分析理論
　交流分析理論（TA transactional analysis）は、エリック・バーン（米国精神科医）が提唱した。個人が成長し変化するための体系化された心理療法の一つである。教育現場や企業内のコミュニケーションの改善などに応用されている。交流分析理論を活用して、職場の人間関係改善や組織活性化を図ることができる。
　交流分析理論によると、人は、次の三つからなる。
・親の自我(P)：両親のような行動をとり、思考をしている自我状態
・大人の自我(A)：大人として行動し、思考している自我状態
・子供の自我(C)：子供時代と同じように行動し、思考している自我状態
　親の自我(P)と子供の自我(C)をそれぞれ二つに分けて、5つの自我状態を設定している。具体的には、次の通りである。

4．ビジネスへの応用

<5つの自我状態>
- CP（Critical Parent 規範的親）：厳格、規律的、道徳的、評価的、権威的、押し付け
- NP（Nurturing Parent 保護的親）：優しい、保護的、心遣い、思いやり、愛情、過保護、おせっかい
- A（Adult 大人）：論理的
- FC（Free Child 自由な子供）：天真爛漫、無邪気、自己中心的、本能的、衝動的、積極的、明るい、創造的、直感的、わがまま、ルーズ
- AC（Adapted Child 従順な子供）
  従順的側面：率直、適応的、いい子
  反抗的側面：ひにくれ、反抗、反撃

②交流分析理論の具体例

　発信する自我状態に応じて、相手が反応する自我状態は決まるとされる。従って、部下から報告された報告にコメントを返す際に、上司は、部下の自我状態を意識すると、より生産的なコミュニケーションにつなげることができる。部下のどの自我状態から発せられたメッセージか推測して対応し、コメントを返すことが重要である。

- CP（規範的親）からの厳しく指導的なコメントは、部下のAC（従順な子供）を刺激する。
- AC（従順な子供）が強く、イエスマンタイプの部下に対しては、NP（保護的親）からの保護的かつ支援的なコメントで刺激する。
- A（大人）からのコメントでA（大人）を刺激することが、有効である。

　具体的な事例で紹介する。部下からの報告は次の通りである。
「前任の鈴木さんの引継ぎで、山田社長に鈴木さんと一緒に面会して

ご挨拶しました。その後、新製品をお送りしました。山田社長に電話をして新製品の説明をしました。その時、興味をお持ちいただけましたが、途中で忙しいからまた改めてもらいたいとのことでした」

上司の対応 3 例

A. 上司（CP/規範的親）→部下（AC/従順な子供）

　その場でアポを取って、とっとと訪問しろよ！早くいかないと、月初めや月末で忙しくなるだろう。

B. 上司（NP/保護的親）→部下（FC/自由な子供）

　定期的な連絡は必要だね。興味を持っていただけたならば、その場でアポが取れるといいね。持ち前のフットワークの良さで、すぐに行動しよう。

C. 上司（A/大人）→部下（A/大人）

　電話で済ますべきことと、訪問して直接話すべきことの切り分けをしよう。アポを取って何を話すのかストーリーを教えてください。

（注：報告事例は、NI コンサルティングの資料を基にダイヤモンド社編集部作成）

　心理学的知見を使うことは、人間関係において諸刃の剣になることを思い出してほしい（129 頁）。自分と考え方や行動が合わない部下がいると「にわか心理学者」になりがちである。例えば、君がそうやって考えるのは、子供の頃のトラウマ（心的外傷）が原因だ。君の両親はこういう人で、子供の頃にこういう扱いを受けたと、軽々しく言ってしまう危険がある。それがズバリ的中したりすると、その人が子供の頃に受けた心の傷を無責任に開いてしまう。

　因みに、プロのセラピスト（療法士）は、トラウマがわかったら、よほど準備が整わない限りそこに触れることは無い。

2）人は見た目が9割か

(1) 相手に対する好意度を決める要因

「人は見た目が9割」には、根拠がある。これは、メラビアン（米国心理学者）の「対人態度の決定因子の研究」に基づく。メラビアンは、人と人が接する場合、相手に対する好意を決める要因の研究をした。下記の法則を見出した。

相手に対する好意度＝表情＋話し方＋話す内容
$$1.00 = 0.55 + 0.38 + 0.07$$

人に対する好意は、相手の「表情、しぐさ」で 55％、「話し方」で 38％が決まるという（132頁）。

(2) 第一印象が大事

初めて訪問する営業先で好意を持ってもらうにはどうすればいいのか。最初が肝心である。第一印象が、その後の人間関係を決める。

アッシュ（心理学者）は、人物の性格特性について、同じ情報を、順序を変えて伝えた場合、人物の印象はどれほど違うかを実験した。ある被験者には、一般的に良いとされる特性の順で伝えた。最初に「知的で勤勉」といった特性情報に接すると、後から「頑固で嫉妬深い」という側面が伝わっても、良い特性の方が強く印象付けられた。

一方、別の被験者には、悪いとされる特性の順で伝えた。「嫉妬深く頑固」という特性に最初に接すると、前者とは正反対の悪い性格特性で印象が形成された。後から「勤勉で知的」な面が示されても悪い印象が覆ることはなかった。

その後、被験者に人物の印象を尋ねると、前者には良い特性で、後

者には悪い特性で、印象が形成されていた。人に対する印象は、その人物の情報を得た順序によって大きく違ってくる。

これにより、印象形成における初期情報の重要性が示され、「初頭効果」と呼ばれる。

(3) 第一印象を予測の自己実現から説明する

第一印象がそのままその人に対する印象になることは「予測の自己実現」と呼ばれる心理メカニズムからも説明される。

人物Aが初対面のBに会った時、カジュアルな服装で、にこやかに笑うBに「気さくな人だ」という印象を持ったとしよう。Aは、気さくそうなBにリラックスして話しかける。するとBもAは気さくな人だと感じて同様に対応する。ここでAは、Bは予測通りの人物だと確信する。

実際には、予測に沿って、それが生じるように行動したため、予測通りに「気さく」だった。人は無意識のうちに、会った瞬間にその外見から得た印象に沿って相手との関係を展開させようとする。

人は、自分の最初の予測が「正しい」ということになるように自分で方向づけて、対人関係を展開させていく。

ということは、初訪問の営業先に商品知識を頭に叩き込めと、一方的な営業トークでぶつけてはダメである。第一印象で好意を得るために身だしなみ、表情、気持ちの良い話し方が大切である。

(4) 顔面フィードバック仮説と好意の返報性

作り笑顔と思うかもしれないが、トムスキン（心理学者）は、「表情が感情を作る」という逆説的な考えを唱えている。これを「顔面フィ

ードバック仮説」という。

　自然な笑顔にしていくためには、自分が相手に好意を持つことである。人は本来自らの評価を高めたいという欲求を持っている。高く評価されたり好意を持たれたりすると、欲求が満たされ、その相手を好きになる。「好意の返報性」と呼ばれるもので、相手に好意を持たなければ、自分も好きになってもらえない（137頁）。

(5) 先入観で人を見ることへの疑問
　大前研一氏は、「第一印象はあてにならない。第一印象を重視する人がいるが、間違いである」と言っている。ジェリー・ウィンド教授（ペンシルベニア大学ビジネススクール）を引き合いに出している。ウィンド教授は、「Seeing is believing(百聞は一見に如かず)という考え方は間違いだ。なぜなら、人間がものを見る時、先入観のとおりに見るものだからだ」と論じている。
　ビジネスでは、もちろん自分の目で見ることは大切だ。だが、一度見たからと言って、常に正しい判断ができるほど、人間は有能ではない。「心の中にあるフィルターを取り除いて、違う角度から見る、いろいろな光の中で見る、ということをしないとブレークスルーはできない。メンタルブロック状態からは、何も新しいものは生まれない」と大前氏は言う。
　初頭効果（144頁）のように、第一印象で判断し、又は判断されているのも、人のなすことである。先入観で他人を見ていないかと自問してみよう。自分がメンタルブロックを外さなければその先はないと考えよう。ひょっとして、自分とは正反対の人こそ人生の師かもしれない。

3）訪問頻度は多い方が良い

　距離が近かったり、相手をよく知っていたりすることは、魅力を感じる要因になる。同じ職場でよく知る同僚であれば、今まで好みでないと思っていたのに、好きになる可能性は大いにある（132頁）。

　会う回数も重要である。ザイアンス（心理学者）は、顔写真を見た回数と好意度の関係を調査した。被験者には、本当の目的を伏せ、写真の顔がどの程度記憶されるかを測定すると告げた。12種類の知らない男性の顔写真を86回、各2秒提示した。

　仮の実験後、被験者に顔写真を見せて、好意度を7段階の尺度で質問した。すると、何回も見た顔写真は好意度が高まった。会えば会うほど好意を持つことを裏付けている。顔を合わせるほどに親しみを覚える。但し、第一印象が悪くないことが前提である。嫌われている場合、会えば会うほど嫌われる。例外的に、人物BやKのように好意度を下げる場合もある（表301）。

＜表301＞接触回数の違いによる同一顔写真への好意度の相違

氏名	少ない接触回数	多い接触回数
A	1.7	3.0
B	2.0	1.9
C	2.5	3.2
D	2.8	3.1
E	2.9	3.7
F	2.9	3.9
G	3.0	3.5
H	3.0	3.7
I	3.1	4.1
J	3.2	3.3
K	3.3	3.2
L	3.7	4.3

注1．ザイアンス、1968年より作成
注2．数値は好意度であり、0〜6の7段階尺度

4．ビジネスへの応用

　営業や上司と部下等の対人関係の構築には、心理学的アプローチは共通しているルールがある。
・良好な第一印象を得ること。
・会う回数を重ねること。
・相手の話をよく耳を傾けること。
・共通の趣味や話題で好意の感情を通わせること。

４）商談の人間関係への応用

　営業員が相手にするのは、多くは客先の購買部門や商品部門のバイヤー、若しくはある部門の担当者である。彼らも人であるために、好ましい人の話を聞き、好ましくない人の話を聞かない傾向がある。従って、彼の提案なら受け入れても良いという雰囲気作りをすることである。良い人間関係があれば、実施を前提に商談できる。良い人間関係がないと、断りが前提の商談になる。

(1) 好意の返報性の活用
　相手に対して良い先入観を持つ（好意、尊重、賞賛）と、相手もあなたに良い印象を持つ。
　つらく当たられている時は、あなたの熱意と気構えを試している時と考える。

(2) 人は相手の人間的側面を知った時に好意を持つ
・類似性の法則
　出身地、出身校、共通の知り合い、趣味等で一致していれば、そこ

から話が盛り上がる。
・自己開示を積極的にする。
　失敗や劣る点を話すと親しみを覚える。逆に、自慢に聞こえる話はダメである。

(3)「名前＋役職」で相手を呼ぶ
　人間は、誰でも重要視されたいと願っている。商談中は、名前と役職を呼ぶ。
例1：吉田バイヤーと呼ぶ。（バイヤーとは呼ばない）
例2：効果ある別れ際の一言は、「名前+役職」＋「お礼」である。
　「高橋部長、本日はお忙しいところご商談の時間を取っていただき誠にありがとうございました」

(4)動作や話し方を相手に合わせると壁がなくなる
①ミラーリング
　ミラーリングは、鏡映しのように相手の身振りや手振りを真似ることである。無意識の動作を真似られると「自分と似ている」という認識を持つ。全く同じタイミングで真似るとわざとらしいので、相手の数秒後少し時間をずらして行う方が良い。対象になるのは次の通り。
　態度、姿勢、表情、ジェスチャー、手の位置、足の位置等。
②ペーシング
　ペーシングは、話すペースを相手に合わせることをいう。会話の速度や声の大きさ、トーン等が合わないと話がかみ合わない。特に商談では最初の20秒くらいで相手のペースをつかむのがコツである。上達すると、呼吸を合わせるのも効果的である。

4．ビジネスへの応用

(5) お客との適切な距離・座る位置・姿勢
・距離：商談は 120cm 前後で行う。

<表 302＞お客との距離と効果

種類	距離	効果
親密距離	45cm 以下	ごく親密な人との距離
私的距離	近い：45〜75cm	親しい間柄の距離。接客において親密さが増す距離
	遠い：75〜120cm	友達や仕事関係の知人や同僚との距離。120cm は親密さを保つ限界。
公的距離	初対面：120〜210cm	初対面や改まった出会いの時の距離
	遠い：210〜360cm	形式的な距離

・座る位置：通常は正面対応。上座・下座の位置には注意する。
・姿勢：背筋を伸ばして左右対称の姿勢を保つ。
・手の位置：下表参照。

<表 303＞手の位置

手の状態	種類	効果
ポケットに手を入れる	威厳の姿勢	偉そうにして感じが悪い
手を後ろで組む	監視の姿勢	行動を監視している嫌なイメージを与える
腕を組む	防御の姿勢	お客も防御の姿勢になり打ち解けない
手を前で組む	構えの姿勢	お客も構え話しにくい
手を横に下げる	オープンな姿勢	相手もリラックス

(6) 自分自身を好きになる
　人間同士の出会いで感情的な要素の入ってこないものはない。ある

調査で次のことが報告されている。優秀な営業員はお客との間で信頼関係ができるまで、営業を始めない。常にお客の気持に合わせる。相手の感情を敏感にとらえ、それにふさわしい反応する能力を持っている。お客が笑えば、自分も笑い、相手が黙れば、自分も黙る。行動も考え方もお客に合わせる努力をしている。

お客が考えているのは、自分のことである。営業員のことではない。お客のことを一瞬でも忘れると、どんな説得力も力を失ってしまう。お客は買わないための理由を見つけようとする。

これが営業の人間的な側面である。

営業で大切なことは、相手の人間的な欲求にアピールすることである。それができるようになれば、あなたはあなた自身を好きになっていることに気付くはずである。自分の人となりや、お客への対し方に満足できるようになる。

あなた自身が自分を好きになれば、人もあなたを好きになってくれる。お客があなたを気にいった時に、お客はあなたから商品やサービスを買う。

5）心を読んで人を動かす

メンタリズムとは、心を読んで人を動かすことである。メンタリズムの基本は、「観察する」「分析する」「信頼される」「誘導する」の四つである[8]。

①観察する
・外見や言葉に表れたものから手掛かりを探る。
・相手の表情（目線や口の動きなど）

- 体の動き（姿勢やしぐさなど）
- 言っていること（よく使う言葉や声のトーンなど）
- 相手の持ち物や身に着けている物

②分析する

　観察することは、分析につながる。例えば、名刺交換の際に、ワザとグッと相手に近づいてみる。反応は二つある。

　一つは、一歩後ずさりする人は、警戒心が強く、心に壁を作りやすいタイプである。

　二つ目は、一歩下がらないで、重心が後ろに傾く人がいる。

　こうした行動から相手との心の距離を測る。

③信頼される

　「信頼してもらうこと」「親近感を抱かせること」が、メンタリズムで相手を思い通りに動かすための大きなポイントである。そのための有効な手法の一つが、「こちらから先に打ち明ける」ことである。自己開示は、相手の情報を引き出す誘い水となる。特に初対面の相手、無口なタイプにはより効果的である。例えば、「あなただから話すけど」などである。

　他に信頼される方法としては、相手の動きをまねる方法がある。自分と同じしぐさや動作を行う相手に対しては、ラポール（相手との親近感や信頼関係）を抱きやすい。これを意識的に行うことをマッチング若しくはミラーリング（148 頁）という。但し、真似ていることを相手に悟られないことが肝心である。

④誘導する

　相手の誘導で最も重要なことは、相手が気付かないように行うことである。こちらからの心理的働きかけによって、相手があたかも自分

で選んだと思わせなければならない。その代表例がマーキングといって、相手に伝えたい情報を強調したり、変化をつけたりする技術である。例えば、会話中に特定の言葉の時だけ、声の大きさやスピードを変えてみることである。聞く人の印象に残る。

最後に、「知っている（わかる）」と「やっている」とでは雲泥の差がある。知識は持っているだけでは、実務の役に立たない。知識を身に着けるには、練習して実際にやってみることである。

6）コミュニケーションは肩肘張らず裏表なく

コミュニケーション心理学の基礎的な概念の一つに「ジョハリの窓」と呼ばれているものがある。自分が思っている自分と、他人が見ている自分とでは、随分と違っていることがある。

「解放された窓」は「自分も知っているし、他人も知っている自分」をいう。初対面の時、他人は性別と名前くらいしか知らないだろうから、窓は小さい。

「隠された窓」は「自分が知っているが、他人は知らない自分」で、他人に知られたくない過去や弱みなどがこれにあたる。

「盲点の窓」は「自分が知らないが、他人は知っている自分」で、自分で気付いていない言動やイメージ等が該当する。

「未知の窓」は「自分も他人も知らない自分」で、潜在意識や潜在能力がこれに該当する。

4．ビジネスへの応用

<図301>ジョハリの窓

		フィードバックを求める→	
自己開示する↓		自分は知っている	自分は知らない
	他人は知っている	解放された窓	盲点の窓
	他人は知らない	隠された窓	未知の窓

注：ジョセフ・ルフトとハリー・インガム（心理学者）が対人関係での気づきをモデル化。ジョハリは2人の名前を組み合わせたもの。

　基本的に「解放された窓」が大きければ大きいほど、コミュニケーションはうまくいくし、言っていることを信頼してもらえる。「解放された窓」を広げるには、他人からのフィードバックを求めると同時に、自己開示することだ。
　平たく言えば、
肩肘張らず、
等身大の自分を見せ、
裏表ない正直なコミュニケーション
を心掛けることである。

第3章　営業における心理学

<参考>
基礎心理学、応用心理学、実験心理学と臨床心理学の一覧

(1) 基礎心理学、実験心理学
　実験・観察・調査を基に、心理学の基礎となる法則を研究する。
①生理心理学
　生理的な機能と心理的な機能の対応関係を研究する。心理学の源流に近く、脳科学や神経科学とも関係が深い。
②知覚・感覚心理学
　五感等を通じて人間が情報を取り入れ、認識する過程やメカニズムを研究する。錯覚の研究はこの分野である。
③認知心理学
　知覚、記憶、思考、言語など人間の情報処理の仕組みを研究し、心的活動の解明を目指す。情報科学と関係が深い。
④学習心理学
　人間や動物が経験を通じて行動を変容させる過程を研究する。パブロフの犬で有名な古典的条件付けはその一例である。
⑤発達心理学
　誕生から死までの、心身や行動の変化を研究する。胎児、乳幼児、児童、青年、老年等のサブカテゴリーに分かれる。
⑥人格（性格）心理学
　パーソナリティ心理学ともいう。性格・人格の普遍的特徴や法則を追究する。臨床心理学と関係が深く、応用心理学に分類されることがある。

⑦社会心理学
　個人や集団、社会的状況の相互の影響や関係から、人間の行動の法則、社会の構成を研究する。対象領域は幅広い。
⑧その他
　思考心理学、言語心理学、生態心理学、比較心理学（動物心理学）、感情心理学、異常心理学、計量心理学、数理心理学など。

(2) 臨床心理学
　心の問題の解決や治療を目的とする様々な流派がある。
①深層心理学
　フロイトが創始。無意識の存在の仮定から、精神構造や行動の解明を目指す。以下のような学派に分かれる。
・精神分析学：無意識の抑圧が、問題の原因とする。後に、社会的・文化的な要因を重視した新フロイト派に発展する。
・分析心理学：フロイトの弟子ユングが創始した。普遍的無意識、元型等の概念やタイプ論を提唱した。
・個人心理学：フロイトの弟子アドラーが創始した。権力への意志（他者への優越の欲求）が人間の行動原理だとする。
・自我心理学：自我構造の解明と機能回復を中心に置く。フロイトの娘アンナが創始した。エリクソンらが展開した。
②行動理論
　行動主義心理学を基礎とし、学習理論を応用した行動療法を用いる。認知や感情も重視した認知行動療法に発展させる。
③人間性心理学
　精神分析学、行動主義心理学に続く第三の勢力である。自己実現を

テーマとし、クライエント中心療法や交流分析などを用いる。
④トランスパーソナル心理学
　第四の心理学とされる。個を超えることを目指す。東洋思想やニューエイジの影響が強く、非科学的との批判もある。

(3)応用心理学
　基礎心理学や臨床心理学から得られた法則や知識を、現実の問題に適用して人間生活の向上を図る。
①産業心理学
　産業に関わる問題を、心理学を応用して解明する。組織論や消費行動論が代表である。
②教育心理学
　人格形成の原理、及び教育に関する問題解決のための実践的な知識・技術を追究する。
③犯罪心理学
　犯罪者の心理特性、捜査や裁判過程の問題、犯罪者の更生及び犯罪の抑止が主なテーマである。
④色彩心理学
　色が人間の心理に与える影響を研究する。物理学、生理学、民俗学等に広く関わる。
⑤スポーツ心理学
　スポーツと人間の関わり合いを心理学的に研究する。メンタルトレーニングもその一つである。
⑥災害心理学
　災害時の人間の反応や行動を研究する。パニックの防止や被災者の

心理のテーマである。
⑦その他
　経営心理学、環境心理学、学校心理学、福祉心理学、家族心理学、健康心理学、交通心理学、芸術心理学、宗教心理学、歴史心理学、政治心理学、民族心理学、軍事心理学、性心理学等。

第3章　営業における心理学

第3章　参考文献

1. 「使える心理学／大前研一・神田昌典が指南する本当に使える「ビジネス心理学」『週刊ダイヤモンド 2008/11/08』
2. 『人間関係の心理学』齊藤勇著、2007年12月、誠信書房
3. 『見た目でわかる外見心理学』齊藤勇著、2014年7月、ナツメ社
4. 『フロー・カンパニー』辻秀一著、2008年11月、ビジネス社
5. 『よくわかる色彩心理』山脇恵子著、2005年9月、ナツメ社
6. 『行動ファイナンス―市場の非合理性を解き明かす新しい金融理論』ゴールドベルグ＆ニーチュ著、真鍋昭夫訳、2002年2月、ダイヤモンド社
7. 『経済心理学のすすめ』子安増生・西村和雄編、2007年12月、有斐閣
8. 「心を読んで人を動かす　誰でもできるメンタリズム！」『週刊ダイヤモンド 2014/03/22』
9. 『「本当の大人」になるための心理学　心理療法家が説く心の成熟』諸富祥彦著、2017年9月、集英社
10. 『ビジネス心理学100本ノック』榎本博明著、2018年9月、日経文庫

第4章
ゲーム理論

第4章 ゲーム理論

1．ゲーム理論とは何か

　ゲーム理論[1]は、複数の主体をプレーヤーにし、それらの意思決定の在り方をゲームに見立てて研究したミクロ経済学の一分野である。

　ゲーム理論は、ゲームの中で参加プレーヤーが互いに最適な戦略を取り合う状況を探し当てる。この状況を「ナッシュ均衡」と言い、ジョン・ナッシュ（1994年ノーベル経済学賞受賞）の名に因んでいる。

　ゲーム理論ならではの戦略思考は、ビジネスの大きな力となる。さまざまな利害関係をゲームとして捉え、分析する。その応用範囲の広さが、ゲーム理論の強みである。これからの時代に勝ち残るためには不可欠なツールである。

　ゲーム理論は、駆け引きが生じるあらゆる分野に通じる。メーカー同士や卸売業同士の競争状況を検討する時、小売業と商談する時など様々な応用が考えられる。

　さらに言えば、ゲーム理論は、推論し意思決定するのに、AI（artificial intelligence 人工知能）と深く結びつき、展開できる。

　また、ゲーム理論は、ビジネスパーソンの強い味方になる。企業戦略でライバルと戦う際、基本的な思考の型を知っていないと、戦略を誤りかねない。また、ゲーム理論を学ぶことは、自らの生き方やキャリアを戦略的に決めるツールになる。身に付ければ、大きな武器になる。

　当章では、政治・経済から仕事や暮らしまで幅広く役立つゲーム理論の基本的な思考パターンをまとめている。

2．ゲーム理論編

　これから学ぶゲーム理論には、「戦略形ゲーム」と言われる三つのタイプがある。取り上げるゲーム名は下記の通りである。
・「戦略形ゲーム」の基本形
　　囚人のジレンマ、チキンゲーム、コーディネーションゲーム
・「混合戦略」
　　じゃんけんで考える混合戦略、サッカーＰＫで考える混合戦略
・「繰り返しゲーム」
　　無限回のトリガー戦略、おうむ返し戦略

1）戦略形ゲームの基本形

　戦略形ゲームの構成要素は、「プレーヤー」「戦略」「利得」の三つである。
・プレーヤーには、人、会社、国家など様々な主体がいる。
・戦略は、ゲーム全般にわたる選択をあらかじめ決めるものである。
・利得は、プレーヤーが戦略を選んだ時の予測結果である。利益など具体的な数値の他、それを得点に置き換えたもので構わない。相手の立場になって行動を予測し、自分がどんな戦略をとればいいのか、利得が高くなるのかを分析しようというものである。

(1)囚人のジレンマ
　囚人のジレンマは、戦略形ゲームの中で、筆頭格に位置する。ストーリーはこうである。重い罪を犯した２人が、拳銃の不法所持で別件

第4章 ゲーム理論

逮捕されている。重罪の証拠はまだない。検察は、2人を別の部屋に隔離して取り調べを行い、それぞれに司法取引を持ち掛ける。「もし、相手が黙秘し、君だけが自白すれば無罪にしてやる」というのである。

お互いに黙秘していれば、別件逮捕の懲役1年で済む。

誘いに乗って自白し、相手が黙秘したままならば、当人は無罪、黙秘したままの相手は懲役10年となる。

2人とも自白すると、自分だけが黙秘して警察に協力しないよりはましで、懲役5年である（表401）。

<表401> 司法取引を持ち掛けられた囚人の状況

		囚人B			
		黙秘		自白	
囚人A	黙秘		*B懲役1年*		*B無罪*
		A懲役1年		*A懲役10年*	
	自白		*B懲役10年*		*B懲役5年*
		A無罪		*A懲役5年*	

この時、囚人Aと囚人Bの2人はどのような行動を取るか。Aの戦略は、Bの戦略に応じて、次のように考えられる。

・Bが黙秘している時は、Aは自白した方がいい。

　自分だけ自白すれば、無罪で釈放される。

　自分も黙秘すると、懲役1年である。

・Bが自白している時も、Aは自白した方がいい。

　自分だけ黙秘したままだと、懲役10年で最悪である。

　自分が自白すると、懲役5年である。

囚人のジレンマは、プレーヤー同士が事前に話し合いや交渉をできないことを前提にするゲームである。そうしたノイズのない中であくまで冷静に損得を考えると、「協力」（黙秘）よりも、「裏切り」（自白）で相手を出し抜く方に軍配が上がる。それぞれが利得を高めようと合理的に行動する結果、2人とも「自白－自白」という組み合わせに落ち着くことになる。

このように、プレーヤーにとって相手が何を選んだとしても、こちらの方がいいという絶対優位な戦略を「支配戦略」という。このケースでは、「自白する」が支配戦略である。

各プレーヤーが最適な反応をしている戦略の組み合わせを「ナッシュ均衡」と呼ぶ。ゲームの解や、予測される結末ともいえるこのナッシュ均衡がどこにあるか。ゲーム理論の思考とは、それを見抜くことに他ならない。

ところが、AとBにとって最適な反応であるはずの「自白－自白」による利得は、「黙秘－黙秘」よりも随分と低い（下表参照）。

<表402>囚人のジレンマとは

		囚人B	
		黙秘	自白
囚人A	黙秘	－1、－1	－10、0
囚人A	自白	0、－10	－5、－5

※表記のルールは、マスの左側がAの利得、右側がBの利得を表す。

囚人の黙秘を相手に対する「協力」、自白を「裏切り」や「非協力」と言い換えれば、プレーヤーそれぞれの合理性は、全体の合理性と一致しないケースがあることが分かる。2人が合理的に選択した結果、

望ましくない状態に至ってしまう。囚人のジレンマは、この二つの差異にある。これを「囚人のジレンマ」と呼ぶ。

(2) チキンゲーム
①チキンゲーム1

　正面に向き合った2台の車がいる。ハンドルを握る2人が相手を目がけてアクセルを踏む。それぞれの戦略は強硬に「直進する」か、妥協して「回避する」かのいずれかである。

　1人が直進し、もう1人が回避すると、直進した方は称賛され、回避した方は臆病者だと軽蔑される。

　ともに直進すると、大けがを負う。

　このゲームの解を考えてみる。各プレーヤーが最適反応をしている戦略の組み合わせ、つまりナッシュ均衡はどこにあるのだろうか。

　Aにとっての利得は、次の4つに分けられる。
・Bが直進→自分Aも直進→大けがをする(利得-5)
　　　　　→自分Aは回避→臆病者と言われる(利得0)
・Bが回避→自分Aは直進→称賛される(利得2)
　　　　　→自分Aも回避→称賛も軽蔑もされない(利得1)

　Bが直進する場合、Aは直進して大けがをする(利得-5)よりも、回避して臆病者と言われる(利得0)方がましである。

　Bが回避する場合、Aは自分も回避して何もない(利得1)より、自分は直進して、称賛される(利得2)方がいい。

　Bの立場で考えても、同じことが言える。

　次頁の利得表のように、ナッシュ均衡は「A直進－B回避」と「A回避－B直進」の二つがあることがわかる。

<表403>ナッシュ均衡はどこにある

		B 直進	B 回避
A	直進	−5 、−5	(2 、0)
A	回避	(0 、2)	1 、1

※ナッシュ均衡は、◯印の2つである。

チキンゲームでは、2人がお互いに逆の戦略を取ることが解になる。囚人のジレンマのように一つではない。

ビジネスや会社内においても、お互いが相手の妥協を引き出そうと、自分の主張や強硬姿勢を曲げようとしないケースは間々ある。

②チキンゲーム2「6万円を分ける交渉」

チキンゲームの例として「6万円を分ける交渉」というゲームを考えてみる。AとBの二人の利得はどうなるであろうか。

・お互いが仲良く妥協（チキン）すれば、3万円ずつを分け合う。
・お互いが強硬（ブル）に出れば、交渉は決裂して何も得られない。
・一方が強硬（ブル）に出て、もう一方が妥協（チキン）すると、強硬の方は5万円、妥協の方は1万円を手にする（表404）。

<表404>ナッシュ均衡はどこにある

		B 妥協	B 強硬
A	妥協	3 、3	(1 、5)
A	強硬	(5 、1)	0 、0

第4章　ゲーム理論

このゲームでも、チキンゲーム1と同様に、「A強硬－B妥協」と「A妥協－B強硬」の二つのナッシュ均衡がある。

③フォーカルポイント
　チキンゲーム1やチキンゲーム2「6万円を分ける交渉」の二つの均衡のうち実現するのはどちらになるのか。これは難しい問題で、人による実験でも、ナッシュ均衡になったり、ならなかったりする。
　両者がぶつかった時に、どちらが強硬で、どちらが妥協して「棲み分ける」のかは、歴史的な経緯や社会慣習のような「フォーカルポイント」によって何となく決まる、と考えられている。
　例えば、社内の会議が白熱し、なかなか決着がつかない時も、最後に「じゃあ、Aさんを立てて、こうしましょう」といった着地点が何とはなしに醸成されるように、である。

④コミットメント
　チキンゲームでは、フォーカルポイントによる勝敗が、あらかじめほぼ決まっているようにも見える。これをひっくり返すことはできないのか。勝つ方法は「コミットメント」することにある。コミットメントというのは、将来の行動を自ら縛ることである。「自分は必ず強硬に出る」と宣言し、約束することで、ゲームを自分にとって有利な方向に持っていくことである。但し、約束に信憑性を持たせる工夫が要る。また、コミットメントをゲームの相手に知らせることである。
　「6万円を分ける交渉」に戻って、Aの立場で考えてみる。
　Aは交渉の前に「交渉が成立して、自分がチキンとなって5万円を獲得できなくなっても、あなたに2万円おごる」と第三者に約束し、

それをBに知らしめるとする。

　Bが強硬に出た時、Aは妥協すると、Aは第三者に2万円おごるために、利得が−1になる。従って、AとBが強硬同士で決裂するAの利得0より、Aの利得が−1のために小さくなる。

　Aは妥協するよりは、強硬に出た方がいいとなる。Aには強硬が支配戦略になる。

　コミットメントのおかげでナッシュ均衡が一つになる（下表）。

<表405>コミットメントで利得はどう変わる

		B	
		妥協	強硬
A	妥協	3 、3	−1 、5
	強硬	5 、1	0 、0

　但し、このコミットメントの実現は、実際にはかなり難しいと、言われている。自分で明確に表明しても、相手は「そうは言っているが、嘘では？」「実際には実行しないのでは？」などと疑うのが普通だ。

　コミットメントするには、それを相手に納得させる仕掛けが必要だとされている。これを「コミットメントデバイス」と呼ぶ。

　国際政治の首脳外交の駆け引きでも、「自分は妥協しない」と信じさせるには、根拠が必要だ。そのコミットメントデバイスの最たるものは国民だと言われる。そんな妥協したら自国の国民が許さないと、相手国に知らしめることは、交渉を有利に運ぶ。後ろにずるずる下がると後がない小国に対して、米国のような大国は、意外にもコミットメントデバイスの材料が少ないという弱点を持つことが指摘されている。

第4章　ゲーム理論

⑤先手を取る

　ナッシュ均衡が二つ生じ得るようなチキンゲームでは、「コミットメント」に加え、「先手を取る」戦術も力を発揮する。先に有利な戦略に手を付けてしまうのは確かに手っ取り早い。

(3) コーディネーション（協調）ゲーム

　チキンゲームは、お互い違うものを選ぶのが、解であった。これに対して、コーディネーションゲームは、お互いが同じものを選ぶことが、解である。コーディネーションゲームとチキンゲームは、いずれもナッシュ均衡が、二つあることは同じである。

　コーディネーションゲームの例を挙げる。

例 1）エスカレーターで、急いでいる人のために右側を空ける（関東）か、左側を空ける（関西）か。

　右空けか左空けかは、慣習やこれまでの経緯によって決まる（表406）ので、ナッシュ均衡は、二つある。

<表406>エスカレーターは右空けか左空けか

		B	
		右空け	左空け
A	右空け	1、1	0、0
A	左空け	0、0	1、1

例 2）共同作業をするために、パソコンを買いたい。マッキントッシュにするか、ウィンドウズにするか。

　お互いが同じものを選ぶと、利得が高くなるので、ナッシュ均衡は、二つある。

例3) 会社の同僚と2人で飲みに行くか、自宅に帰ってゆっくりするか。
　お互いに相手と同じ行動を取るのが最適な反応であるので、ナッシュ均衡は二つある。

例4) ソーシャル・ネットワーキング・サービス（SNS）などは、利用者が多ければ多いほど価値が高まるという「ネットワーク外部性」が働いている。
　そうしたサービスの中からどれが選ばれるかは、コーディネーションゲームである。また、技術の規格争いや、デファクトスタンダードもそうである。
　こうしたコーディネーションゲームで勝つには、チキンゲームと同様、「フォーカルポイント」や「コミットメント」の信憑性が大きなカギを握っている。

2）混合戦略

(1) じゃんけんで考える混合戦略
　既に説明した戦略形ゲーム（囚人のジレンマ、チキンゲーム、コーディネーションゲーム）は、いずれもナッシュ均衡を探し出すことができた。これに対して、解がないようなゲームもある。例えば、じゃんけんである。勝ちを1、負けを-1とした利得表（次頁）を眺めると、確かにこれといったゲームの解は無いように見える。
Aのパーを例にとると、期待利得は次のようにゼロとなる。

$$\frac{1}{3} \times 1 + \frac{1}{3} \times -1 + \frac{1}{3} \times 0 = 0$$

第4章 ゲーム理論

<表407> じゃんけんの期待利得

		B		
		グー	チョキ	パー
A	グー	0, 0	1, −1	−1, 1
	チョキ	−1, 1	0, 0	1、−1
	パー	1、−1	−1, 1	0, 0

　しかし、答えはある。私達は相手に悟られないよう、でたらめにグー、チョキ、パーを出しているはずだ。このように、グー、チョキ、パーを、ランダムに3分の1の確率とするのが、解である。
　このゲームでは「戦略を確率的に選ぶ」と考えており、これを「混合戦略」と呼んでいる。囚人のジレンマ、チキンゲームやコーディネーションゲームでいう一つの戦略を確実に選ぶという「純粋戦略」とは違う。

(2) サッカーPKで考える混合戦略
　キッカーが右に蹴るのが得意であれば、キーパーはボールが右に来そうだと読む。キーパーが右と読むなら、キッカーは逆の左に蹴りたい。お互いにこの状態がいいという定まったものがない。右が得意なキッカーは、蹴る確率をどちらに高くすべきかである。キッカーの成功はキッカーの利得、失敗はキーパーの利得とする。キッカーが左に蹴った時、キーパーが右に飛べばゴールの成功率は60%(0.6)、キーパーが左に跳べば成功率は30%(0.3)とする。次頁表408のような利得表が考えられる。

2. ゲーム理論編

<表408>キッカーとキーパーの利得

		キーパー (相手から見て)	
		右	左
キッカー（自分から見て）	右	0.5、0.5	0.9、*0.1*
	左	0.6、*0.4*	0.3、*0.7*

　キッカーが得意な右に蹴る確率を高くすると、キーパーは右に跳ぶ方がいい。そうすると、キッカーは左に蹴った方がよくなる。このように決定が双方の読みあいで循環するようであれば、ナッシュ均衡にはならない。キッカーは右に蹴るのが得意だが、左に蹴る確率より小さくする。即ち、自分の得意な方向を選ぶ確率を小さく、不得意な方向を選ぶ確率を大きくすることが解になる。

キッカーの戦略→7分の3の確率で右へ、7分の4の確率で左へ蹴る
キーパーの戦略→7分の6の確率で相手から見て右へ、
　　　　　　　7分の1の確率で相手から見て左へ跳ぶ

　キッカーにとって、不得意な左へ蹴る確率を高くするというのが、このゲームの答えである。

3）繰り返しゲーム

　戦略形ゲームの中には、他のゲームと違った切り口がある。「繰り返し」である。現実には1回きりではなく、同じゲームが何度も繰り返されることが多い。企業同士の価格競争にしろ、国家間の貿易戦争にしろ、長期に亘り何度も直面する問題である。こうしたゲームは「繰り返しゲーム」と呼ばれる。

第4章　ゲーム理論

(1) 繰り返しゲームの理論

「囚人のジレンマ」が、何回も繰り返されるゲームを考えてみる。1回きりではなかなか黙秘（協力）とはならない囚人だが、100回200回繰り返しても、有限解である限り、協力は達成されないとされる。理論による解は次のとおりである。

最後の1回が必ずある。それまでの回で何をしてこようと、この回の利得を最大化しようとするため、通常の囚人のジレンマに直面する。つまり、最後の回は絶対に協力しない。

100回ゲームなら100回目は裏切り（自白）と決まる。1回前の99回目はどうか。100回目は裏切ると決まっているので、99回目にはその回の利得を最大化しようと、裏切ることになる。

かくして98回目、97回目と逆算するように考えていくと、理論的には最初から最後まで全ての回で裏切ることになる。

(2) 無限回のトリガー戦略とおうむ返し戦略

後ろから逆に考えることのできない無限の繰り返しゲームでは、理論的に協力が達成されることが分かっている。相手が一度でも裏切るというトリガーを引けば、その後は決して協力しなく裏切り続ける。協力が得られれば、協力するという「トリガー戦略」を採用する。

だが、こうした無限の繰り返しゲームというものは現実にはあり得ない。有限回の繰り返しでは、協力関係が生まれないのか。実は可能なことが様々な実験によって明らかになっている。

ここで力を発揮するのは、「おうむ返し戦略」である。1回目は協力し、それ以降は相手を真似するように、相手が協力したら協力し、協力しなければこちらもしない。「しっぺ返し戦略」とも言われる。

2．ゲーム理論編

　相手が裏切りを反省して協力するならば、前の行動は咎めず、自分も協力で返す、というのがポイントである。囚人には裏切りたいインセンティブが常にある。得をしても次の回には裏切られ、ダメージを食らう。1回だけ得をしても意味がないことを学習していく。

　1980年代、ロバート・アクセルロッド（米国政治学者）[5]は、「反復囚人のジレンマ」ゲームのコンピュータ選手権を企画した。心理学、経済学、政治学、数学、社会学の五つの分野のゲーム理論の専門家14人を競技参加者として招待した。獲得した点数を競うコンピュータープログラム選手権を開催した。

　優勝したのは、「おうむ返し戦略」だった。プログラム（言語フォートラン）は、4行しかない簡単なものだった。シンプルなルールで正直に動き、協力関係を築いた戦略だった。実験結果は示唆に富む。アクセルロッドは、好成績をもたらしたプログラムの特徴を分析した。高得点をもたらしたプログラムには一つの性質があった。

　「上品であること。自分からは決して裏切らないこと」である。

　上品なプログラム同士は、互いに裏切らない限り、協調し続けるので、得点は高めであった。

　問題は裏切られた時の対応である。その対応の仕方によって、上品なプログラム同士間で得点が決まった。上品なプログラムの中でも、好成績を上げたプログラムが持っていた性質は、次の点である。

　「容赦すること。つまり根に持たないこと。相手が裏切った後でも、再び協調すること」

　指摘された二つの性質が示唆していることは、目先の利益や過去の裏切りへの復讐を選択してはいけない。将来の協調関係こそ選択すべきであるということである。

4）戦略形ゲームに係る各ゲームのまとめ

<表409>戦略形ゲームの特長

戦略形ゲーム	囚人のジレンマ	チキンゲーム	コーディネーションゲーム	混合戦略	繰り返しゲーム
特徴	プレーヤーが同時に1回だけ行うゲーム				おうむ返し戦略 同じゲームが何度も繰り返される
	一つの戦略を確実に選ぶ（純粋戦略）			戦略を確率的に選ぶ	
	ナッシュ均衡※が一つである	ナッシュ均衡が二つある			
		お互いが違うものを選ぶ	お互いが同じものを選ぶ		

※ナッシュ均衡：各プレーヤーが最適な反応をしている戦略の組み合わせ。

3．ゲーム理論の事例

　ゲーム理論は、実務の世界、例えば、民間、行政、司法や教育機関等で幅広く浸透し、社会に役立つ仕組みとして活用されている。

1）囚人のジレンマの事例

(1)囚人のジレンマ／価格競争
　ビジネスでは、価格競争が「囚人のジレンマ」に当たる。ガソリンという同質財を販売するガソリンスタンドを例にすると、往々にして値下げ競争に走る。競合他社が価格維持の時、自社だけが値下げに踏み切れば、市場を奪取できる。競合他社が値下げしてくると、自社も対抗しないと市場を失う。値下げは、支配戦略である。お互いが値下げに走ると、競争が激化し、疲弊する。ガソリンスタンドを利用する消費者は、値下げの利益を享受する。
　　　　　＜ガソリンスタンド2社が地域の市場を握るケース＞
A社（自社）にとって、
B社が値下げする場合→自社は価格を維持→2点（シェア喪失）
　　　　　　　　　　→自社も値下げする→4点（価格競争）
B社が価格維持の場合→自社も価格を維持→5点（両社価格維持）
　　　　　　　　　　→自社は値下げする→8点（シェア奪取）
　A社とB社の両社にとって、価格維持が望ましい均衡である（表410/(5,5)）。しかし、A社にとって、利得が高いのは、市場奪取できる値下げという「支配戦略」である(8,2)。両社にとって、値下げがナッシュ均衡である。

<表410> ガソリンスタンド2社のケース

		B社	
		価格維持	値下げ
A社	価格維持	5、5	2、8
	値下げ	8、2	4、4

(2) 課徴金減免制度

　課徴金減免制度は、囚人のジレンマを応用した制度の一つである。リーニエンシー（leniency 寛容な）制度とも呼ばれている。米国で1978年に導入されて以来、世界的に導入が進んでいる。日本では2006年に導入されて、毎年一定の件数が報告されている。

　事業者が自ら関与したカルテルや入札談合について、違反内容を公正取引委員会に自主的に報告、つまり「自白」した場合、課徴金が減免される制度である。この制度は、抜け駆けが早いほど減額率が大きくなる仕組みである。日本の場合、公正取引委員会の調査前に最も早く申請すると、課徴金が100％減額される。

　コンデンサーの価格カルテル事件（2016年）では、独占禁止法違反と認定された7社の内、課徴金減免制度を使った2社を除く5社に、計67億円の課徴金が課せられるなど、大きな成果を上げている。

(3) 刑事罰の司法取引

　司法取引は、囚人のジレンマのゲーム構造そのものである。司法取引には、あらゆる罪で自白すればするほど刑が軽くなるケースと、共犯者の犯罪事実を暴くことで刑が軽減・免除されるケースの2種類がある。日本が導入した司法取引は後者に当たり、加えて経済犯罪や銃

器・薬物犯罪に限り適用される。「司法取引と言えば、詐欺や強盗等の印象があるかもしれないが、経済的な取引で莫大な金額が動く犯罪の影響がより大きい」(丹野忠晋拓殖大学教授談)

　日本版の司法取引は、2018年6月に始まった。同年7月にはタイの発電所建設事業をめぐって現地公務員に賄賂を渡した罪で、三菱日立パワーシステムズが司法取引に合意し、第1号案件となった。

　司法取引が、なぜ力を発揮するのか。

＜司法取引がない場合＞

　共犯者が自白しない(黙秘)ならば、2人とも自白しない。

　共犯者が自白すると思えば、自分も自白する。

　よって、お互いに黙秘する場合と自白する場合の二つが、ナッシュ均衡になる。

<表411>司法取引がない場合の利得

		B	
		黙秘	自白
A	黙秘	1、1	−2、−1
A	自白	−1、−2	−1、−1

＜司法取引がある場合＞

　司法取引に応じて自白すれば罪が軽くなる(減刑、不起訴)という裏切りへのインセンティブがあると、自白した時の利得が、−1から2になる。その為、二つあったナッシュ均衡が「2人とも自白する」のみになる。司法取引によって自白が強く後押しされる。

　次頁の利得表で確認する。

第4章　ゲーム理論

＜表412＞司法取引がある場合の利得

		B	
		黙秘	自白
A	黙秘	1、1	−2、2
	自白	2、−2	−1、−1

2）コミットメントの事例／最低価格保証

　家電量販店の値引きの事例を取り上げる。家電量販店では、「他店よりも1円でも高い場合は、同じ値段まで値引きします」というチラシが、しばしば張られている。これは「最低価格保証」という価格戦略、及び販売促進策である。客に将来の行動を表明し、確実にその行動を取ることを約束している。この意味では、ゲーム理論のチキンゲームで言っている「コミットメント」に当たる。

　この最低価格保証は、一見、ライバル同士が値下げを繰り返す不毛な価格戦略に陥ってしまうように思われる。実際には、競合店が値下げで対抗しても、最低価格保証をした店は、さらなる値下げで対抗してくることになり、競合店は値下げしても客を奪い返すのは難しいことが分かる。それに、合理性だけを考えれば、客は最安値を求めて何店も行脚するはずだが、時間とコストの兼ね合いなどから、一定の安さで妥協するケースが少なくない。

　結果的に、最低価格保証を行うと、むしろ値引き競争を回避でき、価格を安定させることができると考えられている。

3）コーディネーションゲームの事例／働き方改革

働き方改革をコーディネーションゲームで読み解いてみよう。

残業を一切断れないとか、育児休暇や有給休暇を取れない職場は、少ない。しかし、個々の社員が、きちんと働き方改革と整合的な選択肢を取れるかと言えば、そうはならないことがある。

定時退社か、サービス残業かの選択肢がある時、起こり得る結果が二つある。

一つは、全員が定時退社する時に、「良い（ホワイト）会社」の職場をイメージすると、自分一人だけが働いても評価されず、サービス残業をする意味がない。周囲が時間内に仕事を終える職場では、むしろ残業する社員は能率が悪いとして、査定が下がることが考えられる。積極的にサービス残業をする意味がない「良い（ホワイトな）均衡」が成立する（次頁表413）。

もう一つは、「悪い（ブラックな）均衡」である。これは、全員がサービス残業をやっているような会社である。日本の多くの組織が、これに陥り、抜け出せていない。他の人がサービス残業している状況で、自分だけが早めに仕事を切り上げると、どうなるか。人間関係がぎくしゃくしたり、昇進が遅れたり、何らかの不利益を被る可能性が高い。従って、ただ一人、ブラックな均衡から抜けようとはしない。全員「いっせいのせ」で、ホワイトな均衡に移れば、ハッピーになれると分かっていながらできないのが興味深いし根が深い（次頁表413）。

うまく参加者の行動をコーディネートして、予想や期待を変えると、「悪い均衡」から「良い均衡」に移れる可能性がある。どういった会社で働き方改革が成功しているかというと、ベンチャー会社である。

第4章　ゲーム理論

<表413>働き方改革の利得

		社員2	
		定時退社	残業
社員1	定時退社	良い均衡 2、2	−10、1
	残業	1、−10	悪い均衡 0、0

　トップの鶴の一声で、社員のメンタリティーがガラッと変わり、ブラック体質だった職場がホワイト体質になれるケースがある。トップが真剣に会社のルールを変え、社員が定時退社しても不利益を被ることは無いとの意識が浸透すれば、制度を活用しない方がもったいない、という風に転換できる。

　良い均衡に移るために、個々人が最低限心得るべきことは何か。職場の中で、定時退社や育休などの最初の一歩を踏み出す人が現れたら、サポートすることである。一歩を踏み出す人（ファーストペンギン）が周りに支えてもらえる、と期待できると、そんな人がどんどん出てきやすくなる。

　コーディネーションゲームの大きなポイントは、中にいるメンバーが全く同じでも、いいことが起きる場合もあれば、悪いことが起きる場合もある、ということだ。だから、できるだけいいことが起こりやすいように、中の仕組みや雰囲気を変えることであり、原因を個人に帰着させないことが大事である。

4．競争戦略のジレンマ

(1) 競争状況

多くの業界の競争は、「不完全競争」である。不完全競争とは、完全な独占でも、完全競争でもない状態である。ライバルの数や相手の出方によって、自社の取るべき戦略が変わる。つまり、「ゲーム理論的」状況である。

不完全競争モデルの一つであるクールノーゲームにおける「クールノー均衡」(ナッシュ均衡ともいう)を示すと、次のようになる(下表)。ここで言えることは、「ライバルは少ない方がいい」ことである。

<表414>クールノー均衡

競争している会社数	競争状況
1社	独占状態では、価格及び利益は、自社の生産量のみで決まる。
2社	寡占状態では、価格及び利益は、自社の生産量だけでなく、ライバルの生産量にも依存する。
3社〜	ライバルが増えるほど、価格及び利益は下がる。

不完全競争と利益の関係を、ベルトランとクールノー両氏(両氏とも仏国数学者)の見解でまとめると、次頁のようになる。

ライバルに抜け駆けてイノベーションに踏み切る、あるいは新規参入を未然に阻止できれば、巨額の利益を守ることができる。

第4章 ゲーム理論

<表415>不完全競争と利益の関係

財の性格	価格競争 （ベルトラン競争）	数量競争 （クールノー競争）
同質財の時	価格競争は、利益がゼロになることもある。即ち、価格を引き下げるほど、販売数量が増えるのが前提である。 「これより安くなると、本当に赤字になる」という仁義なき価格競争にまで発展する可能性がある。	数量競争は、利益がゼロにならない。即ち、一定期間における生産量や販売量には限りがあるため、各社に「これ以上売ることができない。ある程度の価格で収益を確保しよう」という判断が働く。
差別化財の時	競争は穏やかになる。	競争は穏やかになる。

(2) イノベーションのジレンマ[1]

「イノベーションのジレンマ」とは、業界トップ企業が、技術革新（イノベーション）についていけず、新規参入してきたライバルに取って代られることや、既存企業が直面する困難な決断を指す。「進むも地獄、退くも地獄」という悩ましい2択問題である。

この事例には事欠かない。携帯電話とスマートフォン、デジタルカメラや携帯音楽プレーヤーとスマホが、良い例である。

ジレンマの核心にあるのは、既存商品と新製品の共食い（カニバリゼーション）である。優良企業は、既にヒット商品と多くの顧客を手中にしているから、わざわざ新製品を投入して同じ顧客を奪い合うインセンティブは小さい。あるいは、社内における既存組織や周りから

変化させまいとする同調圧力が働くことがある[4]。一方、新参企業には失うものなどは何もない。他にできることもないので、イノベーションに積極的になれる。

ゲーム理論的な観点から状況を冷静に見つめ直すと、むしろ既存企業の方こそ積極的に先制攻撃に踏み切るべきである。そのためには、同調圧力を回避できるように、イノベーションを図る別の組織を作ることである。この点は、経営トップの経営力次第である。イノベーションという経営環境を変えられるのは経営トップしかいない。企業も技術も「盛者必衰」が世の常である。

新参のライバルや外国企業が、イノベーションと新規参入に成功してしまえば、既存企業の独占利益は失われてしまう。顧客を奪われるだけでなく、競争圧力によって価格も下落してしまい、営業利益は下がる。

(3) 見えない敵と競争する[3]

ジレンマとは、「二つの選択肢があり、そのどちらも利益若しくは不利益がある」状態である。もし、会社が「進むか、退くか」双方の利益を合理的に計算した上で、「このイノベーションをする価値がない」と判断しているなら、それは尊重に値する。

もしも「本当はイノベーションをするべき」にもかかわらず、もろもろの「しがらみ」からできずにいるのならば、もったいない話である。常に意識しておくことは、「潜在的なライバル」は世界中にいることである。何もせずに決断を先送りしていても、いずれ誰かがイノベーションに踏み切ってしまう可能性は常にある。

第4章　ゲーム理論

　自社内の都合ばかり考えていると見過ごしがちだが、現実の世界は独占トップ企業の独り相撲ではない。新旧企業ひいては世界中のプレーヤーがひしめく「全員参加の抜け駆けレース」になっている。

　そういう意味で「見えない敵」との競争を意識しておくことだ。それはまた、今までの成果に満足せず、現在の自社と自分を「自己破壊」する勇気である。この点を明確に見据えてきた企業がいる。旧世代のヒット製品に躊躇なく次世代の製品を投入し、常に自ら抜け駆けレースの先頭を走っている。

　自分自身が、起業家になったつもりで、冷静に自社の、そして自分自身の置かれた「ゲーム環境」を見つめ直すことである。自社にまだ望みがありそうならば、新旧共食いを顧みずに新事業を進めるべきである。もし「自社は望み薄だ」という結論になるならば、どうするかは各自が考えることである。

　ゲーム理論の神髄は、画一的なハウツーではない。一人ひとりの「ものの見方」や大局観を鍛えるための道場のようなものである。「見えない敵」と戦う癖をつけよう。

第4章　参考文献

1. 「ゲーム理論入門」『週刊ダイヤモンド 2018/08/04』
Part1「初めてのゲーム理論」渡辺隆裕・首都大学東京大学院経営学研究科教授
Part2「これからの経済キーワード」安田洋祐大阪大学准教授、
「イノベーターのジレンマ対策」伊神満イェール大学准教授
2.『イノベーションのジレンマ　増補改訂版』クレイトン・クリステンセン著、2008年3月、翔泳社
3.『「イノベーターのジレンマ」の経済学的解明』伊神満著、2018年6月、日経BP社
4.「シリコンバレーの流儀、同調圧力の呪縛」校條浩著『週刊ダイヤモンド 2018/09/15』
5.『未来傾斜原理-協調的な経営行動の進化』高橋信夫著、1996年11月、白桃書房
6.『新版ＭＢＡマネジメント・ブック』グロービス・マネジメント・インスティチュート著、2007年12月、ダイヤモンド社

著者プロフィール

尾田 寛仁 （おだ ひろひと）

1948年山口県に生まれる
1971年九州大学法学部卒業
1978年九州大学経済学部会計学研究生修了
1971年～1976年日本ＮＣＲ株式会社。プログラム開発、客先システム設計及び、営業エンジニアに従事する。
1978年～2006年9月花王株式会社。販売を18年間、物流を9年間、及び経営監査を1年半、順次担当する。
販売では、販売職、販売教育マネジャー、販売TCR担当部長、東北地区統括兼、東北花王販売株式会社社長を経る。
物流では、ロジスティクス部門開発グループ部長として、物流設備や物流システム開発部門を担当する。並びに、花王システム物流を1996年に設立し、副社長・社長に就任し、開発グループ部長と兼務する。
経営監査は、経営監査室長として花王の内部統制の構築を行う。
公認内部監査人（CIA）の資格を取得する（IIA認定国際資格、認定番号59760）。
公務では、金融庁より企業会計審議会内部統制部会作業部会の委員に任命され就任する（2005年9月～2006年9月）。
2006年10月～2014年12月中央物産株式会社。専務取締役に就任。物流本部長、管理本部長及び営業本部長を順次所管する。
2015年1月、物流システムマネジメント研究所を設立し、所長となる。
同年7月、日本卸売学会理事に就任する。
2016年5月、日本マテリアル・ハンドリング（ＭＨ）協会理事に就任する。

著書：
『製配販サプライチェーンにおける物流革新　企画・設計・開発のエンジニアリングと運営ノウハウ』三恵社2015年2月、『経営実務で考えたマネジメントとリーダーシップの基本』三恵社2015年4月、『物流エンジニアリングの温故知新』三恵社2015年12月、『卸売業の経営戦略課題』三恵社2016年6月、『仮想共配プロジェクト　卸売経営戦略と共配物流の事業化』三恵社2017年6月、『物流自動化設備入門』三恵社2017年12月、『卸売業の経営戦略展開』三恵社2018年6月

Ｅメール：hirohitooda@yahoo.co.jp
携帯電話：090-5396-2955

商談技術入門

2019年 2月 1日　　初版発行

著　者　　尾田　寛仁

発行所　　株式会社　三恵社
〒462-0056　愛知県名古屋市北区中丸町2-24-1
TEL 052(915)5211
FAX 052(915)5019
URL http://www.sankeisha.com

乱丁・落丁の場合はお取替えいたします。
ISBN978-4-86487-990-3 C2034 ¥1800E

©2019 Hirohito Oda